Les bandes de Bollinger

Une nouvelle approche pour piloter les tendances

©2024. EDICO
Édition : JDH Éditions
77600 Bussy-Saint-Georges
Imprimé par BoD — Books on Demand, Norderstedt, Allemagne

Préface : Bruno Estier

Réalisation et conception couverture : Cynthia Skorupa

ISBN : 978-2-38127-373-0
Dépôt légal : août 2024

Daniel Cohen de Lara

LES BANDES DE BOLLINGER

Une nouvelle approche pour piloter les tendances

JDH Éditions

Les Essentiels de l'AFATE

REMERCIEMENTS

Je suis très flatté et honoré que Bruno Estier ait accepté de rédiger une préface à ce livre.

Il est un des plus éminents analystes techniques dans le monde comme en témoigne son parcours au sein d'entreprises financières très prestigieuses. Il est aussi un des fondateurs de l'AFATE dont il fut le premier président.

Je pense aussi à mes (très) proches sans qui il est impossible de créer un équilibre de vie :

Michèle,

Mon père et le souvenir de ma mère,

Laurent, Stephen, Frédéric,

Helena, Tatiana, Deborah, Florence, Zoubir, Nina, Valentin, Lina, Paul et Adrien,

Ma famille.

PRÉFACE DE BRUNO ESTIER

Quel plaisir de préfacer le dernier livre de l'ancien président de l'Association Française des Analystes Techniques (AFATE) Daniel Cohen de Lara, qui n'a plus à prouver ses talents de pédagogue au service des membres d'une Association dont il a tenu les rênes avec enthousiasme récemment. Cinq années durant lesquelles il aura exercé ses talents d'organisateur et d'entrepreneur avec passion, notamment en développant une collection didactique d'ouvrages spécialisés couvrant le corpus de connaissance de l'Analyse Technique des marchés financiers.

Souvenons-nous que le « Body of Knowledge » de l'Analyse Technique a d'abord été rassemblé dans la langue de Shakespeare par les fondateurs de la très british « The Society of Technical Analysts, (STA) » fondée en 1968, et par un groupe informel d'analystes de marché dès 1967 à New York, qui se forma en Association en 1973 sous le nom de « Market Technicians Association » grâce à l'impulsion de feu mon ami le discret John Brooks et du flamboyant Ralph Acampora, tous deux parrainés par le mythique Bob Farrel, déjà une légende à Wall Street. Cette Association prit plus tard le nom de « CMT Association », qui délivrera une certification reconnue dès 2005 par les autorités financières aux USA. En 1988, une Fédération Internationale des Analystes Techniques (IFTA) rassemblant diverses Associations nationales fut aussi incorporée sous l'impulsion initiale d'analystes japonais, anglais et américains.

L'Association Française des Analystes Techniques (AFATE) vit le jour à Paris en 1990 grâce à un amusant concours de circonstances. Suite au crash de 1987, une rumeur circula qu'une poignée de zélotes l'avait prédit. Il n'en fallut pas plus pour qu'un cadre dirigeant de la plus française des banques américaines, domiciliée depuis 1916 au 14 place Vendôme, décide de créer une position d'Analyste Technique à plein temps dans sa salle des changes du bureau de Paris.

Ce cadre proposa le job à un de ses anciens collègues zurichois, votre serviteur, franco-genevois d'origine, éduqué dans la langue de Molière au bord du lac Leman. Double national expatrié à Paris, le futur premier président de l'AFATE rechercha des alter egos dans les banques françaises pour fonder une association à but non lucratif, dite « de 1901 », avec la bénédiction de l'IFTA et le soutien du comité anglais de la STA. Ainsi, après avoir publié une belle photo des membres fondateurs dans le magazine parisien spécialisé *Option Finance*, l'AFATE se mit à inviter à Paris, lors de ses réunions, les vétérans de l'Analyse Technique au niveau mondial, à commencer par le Canadien Ian McAvity, l'Australien Ian Notley, le fameux Robert Prechter de Gainesville, Géorgie, mais aussi l'incontournable Californien de Manhattan Beach, John Bollinger, dont Daniel Cohen de Lara divulgue dans ce livre l'interprétation originale de ses fameuses « Bandes de Bollinger ».

Dès le début, l'AFATE fit partie de la grande famille mondiale des analystes techniques de marché en organisant à Paris, en 1994, la 6ᵉ, puis en 2008, la 20ᵉ Conférence annuelle internationale de l'IFTA. Puis plus récemment en 2020, pendant le « Covid », un petit groupe d'anciens présidents de l'AFATE constitua une « Dream Team » pour traduire en français l'examen de certification Niveau 1 de l'IFTA. Ainsi, l'AFATE a contribué pendant 35 ans à promouvoir l'Analyse Technique, à former des professionnels à l'approche des marchés financiers, à informer l'ensemble des professionnels de la finance et du monde universitaire sur les outils et méthodes de l'Analyse Technique afin de permettre aussi aux investisseurs privés de découvrir et d'apprendre ces outils.

Dans les dix dernières années, l'AFATE s'est focalisée sur le développement du corpus de connaissances en français en créant la collection de livres de référence « Les Essentiels de l'AFATE ». Elle s'étoffe donc d'un nouvel ouvrage de Daniel Cohen de Lara, qui s'inscrit dans cet effort d'assurer en langue française un accès à une formation de qualité supérieure dans un domaine très spécialisé autrefois réservé à une petite élite. À l'époque de l'Intelligence Artificielle, alors que l'accès à l'information grâce à CHATGPT semble à portée de « clic », la question de la qualité de l'information disponible devient cruciale. La mise en forme pédagogique de ce corpus de connaissances par des praticiens de longue date, membres de l'AFATE, est sans aucun doute d'une grande valeur ajoutée. Qu'ils en soient félicités et remerciés par les futures générations d'investisseurs.

Bruno Estier

Premier président de l'AFATE

Genève, 28 juin 2024

INTRODUCTION

Ce livre s'inscrit dans la collection « Les Essentiels de l'AFATE » dont les premiers ouvrages ont été publiés en mars 2024.

Ils étaient consacrés à l'apprentissage des produits utilisables à la Bourse, puis à la compréhension des mouvements des marchés grâce aux chandeliers japonais et enfin à la reconnaissance des principales figures chartistes qui s'appuyaient sur les structures de chandeliers japonais.

Un quatrième ouvrage de cas pratiques venait faire la synthèse de cette première partie d'approche de l'Analyse Technique.

Avec le présent ouvrage, la collection va s'intéresser à la dynamique des marchés avec un outil très efficace pour :

- Détecter les débuts de mouvements tendanciels
- Suivre leur évolution
- Quantifier les consolidations et donner des méthodes à l'analyste comme à l'investisseur pour les suivre et les maîtriser.
- Détecter les fins de tendance.

Les systèmes de bandes, et notamment celles créées par John Bollinger et Chester Keltner, permettent de contrôler les mouvements boursiers à travers la volatilité.

Cette dernière est fondamentale car **sans volatilité, il n'y a pas de dynamique** et pas de possibilité d'ouvrir de position boursière.

On verra au cours de l'ouvrage que la notion de bandes est extrêmement efficace pour **piloter toutes les phases d'un mouvement impulsif en filtrant les faux signaux.**

Au-delà de cela, on verra au cours de l'ouvrage que les systèmes de bandes de Bollinger et de Keltner sont plus qu'un simple outil mais correspondent à une véritable méthode de l'Analyse Technique.

CHAPITRE 1

APPROCHE DE LA NOTION DE VOLATILITÉ ET CONSTRUCTION DES BANDES DE BOLLINGER

1. Définition de la volatilité

Par définition, c'est la mesure des amplitudes des variations des cours d'un actif financier. Ainsi, plus la volatilité sera élevée, plus les variations des cours seront importantes et plus les espérances de gains et les risques de pertes seront importants.

On peut déjà illustrer qualitativement cette notion à partir des graphiques ci-dessous :

a) *Faible volatilité* : dans ce graphique, les cours évoluent de manière régulière. On est dans un cadre de tendance baissière mais cette dernière se développe autour d'une moyenne mobile (ici à 20 périodes) et on note que les écarts des prix à la moyenne mobile sont faibles. On est en situation de volatilité basse.

b) *Forte volatilité* : dans l'exemple suivant, la situation est radicalement différente. La distribution des prix est plus perturbée que dans l'exemple précédent. De nombreux gaps sont ouverts, les tailles de bougies sont beaucoup plus importantes et les écarts à la moyenne mobile (toujours 20 périodes) plus importants. Les évolutions de cette dernière sont également plus significatives que dans le premier exemple. Les prix évoluent aussi dans une gamme plus large, passant de 115 le 6 février à 279 le 26 mars, soit une multiplication par 2,2 en un peu plus d'un mois et demi.

On remarque déjà qu'une situation comme celle du dernier graphique peut générer des gains plus importants compte tenu des fortes variations de cours. Un investisseur qui serait rentré en position le 6 février et aurait vendu le 26 mars aurait réalisé une grosse plus-value. Le risque est aussi plus important car le support de début février aurait pu lâcher et entraîner une chute importante des cours. De même, après le 26 mars, la baisse des cours a été rapide et significative.

2. Mesure de la volatilité

Ces exemples montrent la grande différence d'évolution des cours dans deux situations totalement différentes. L'investisseur souhaite pouvoir anticiper l'évolution des cours afin de gérer une éventuelle position. Dans le premier cas, la moyenne mobile 20 périodes est baissière avec une faible pente et une grande régularité. De plus, les cours ne s'éloignent jamais beaucoup de cette moyenne mobile. Une prévision de la dynamique des cours semble – a priori – simple : on peut quasiment tracer un canal baissier qui enveloppe les cours. La situation n'est pas du tout la même dans le second cas et on comprend qu'il va falloir utiliser des outils statistiques mathématiques plus élaborés pour espérer réaliser une prévision quant à l'évolution des prix. En la circonstance, on va s'intéresser à la variation des cours par rapport à un index et ce dernier sera la moyenne mobile qui est plus facile à suivre. Le suivi statistique de l'écart par rapport à la moyenne mobile est une donnée mathématique qui s'appelle « l'écart-type », défini de la manière suivante :

$$\sigma_n = \sqrt{\frac{1}{n} \sum_{i=1}^{n} (X_i - \bar{X})^2}$$

On considère n observations successives des prix et :

$$X_i = observation; \bar{X} = moyenne$$

On calcule, pour chaque observation, la différence entre la valeur de l'actif et sa moyenne mobile. Cette différence est portée au carré afin de favoriser les écarts importants. On fait la somme de ces écarts au carré ; on en prend la moyenne dont on extrait la racine carrée.

Les distributions aléatoires ont souvent la forme de « courbes de Gauss » avec au sommet la valeur la plus forte de la suite d'observations. On voit sur le graphique ci-dessous que l'écart-type correspond à une situation où environ les 2/3 (précisément 68 %) des observations vont se situer entre le sommet et plus ou moins l'écart-type. Ce niveau dépend du nombre d'observations et on considère qu'au-delà de 30 observations, on a une statistique valable. On voit également que 95 % des observations se trouvent entre le sommet (moyenne mobile) et plus ou moins deux fois l'écart-type. On va retrouver aussi les situations de faible et forte volatilité dans le schéma de droite ci-dessous. Lorsque les observations sont proches de la moyenne mobile, l'écart-type est faible et la courbe de distribution des observations est resserrée : situation de basse volatilité. Au contraire, quand les observations s'éloignent de la moyenne mobile, l'écart-type est plus important et la courbe de distribution des observations est conforme à la situation de haute volatilité ci-dessous.

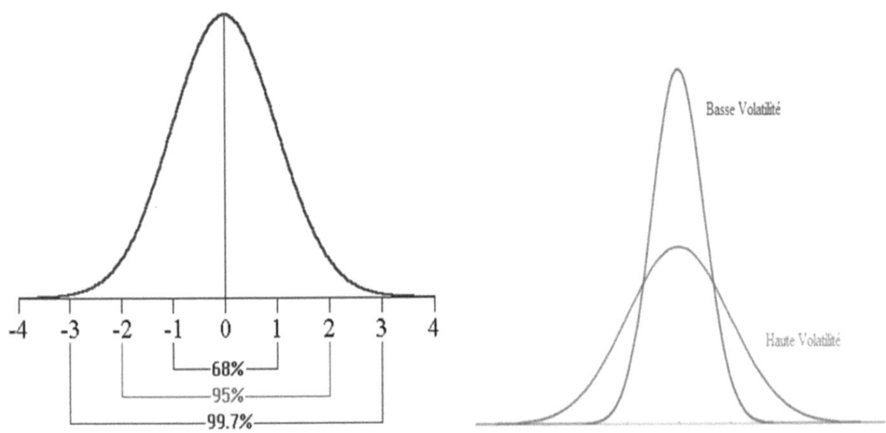

On retrouve ainsi les situations des graphiques précédents de faible et forte volatilité. En situation de faible volatilité, les prix s'écartent peu de la moyenne mobile. Dans le second cas, la distribution des prix par rapport à cette moyenne mobile est plus large.

3. Systèmes de bandes

On peut ainsi, en traçant des bandes autour de la moyenne mobile, déterminer des zones de probabilité d'occurrence des cours. Par exemple, quand on a formellement plus de 30 observations, si on trace des bandes éloignées de plus ou moins un écart-type, on sait que la probabilité d'avoir les cours futurs à l'intérieur des bandes est de 68 %. Si la construction des bandes se fait avec une distance de plus ou moins deux écarts types, la probabilité d'avoir les cours futurs à l'intérieur des bandes est de 95 %.

C'est ainsi qu'ont été conçus les systèmes de bandes de trading dont le plus connu et le plus diffusé est celui développé par John Bollinger. Il est illustré dans la figure suivante :

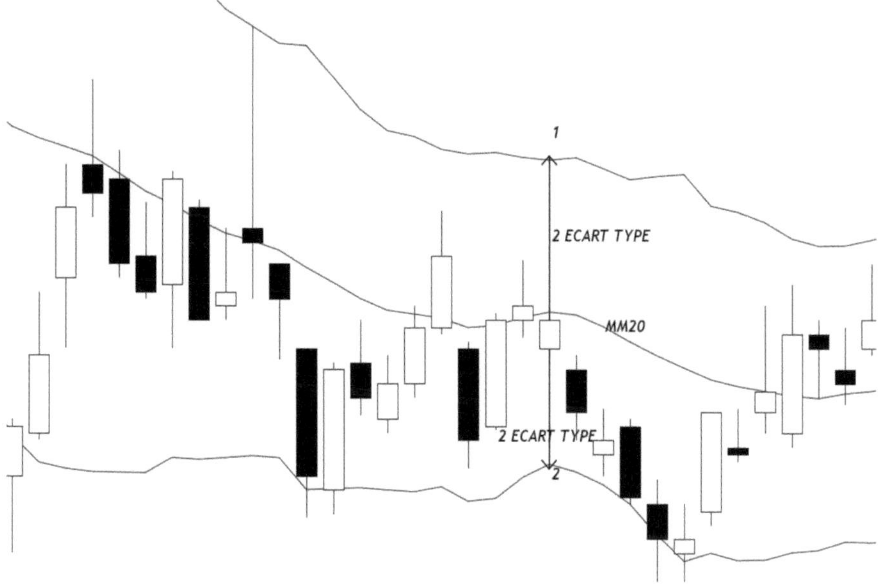

On retrouve la construction des bandes avec une moyenne mobile calculée sur 20 périodes (MM20) et les valeurs des points 1 et 2 qui sont respectivement : MM20 + 2 * écart-type et MM20 − 2 * écart-type.

On notera que le réglage classique des bandes de Bollinger est réalisé à partir d'une moyenne mobile 20 périodes et de bandes distantes de deux écarts-types de la moyenne mobile. Il ne respecte pas la validation mathématique de la statistique sur au moins 30 observations. Ainsi, avec un choix de deux écarts-types, la probabilité d'avoir les cours futurs à l'intérieur des bandes tombe de 95 % à environ 89 %. On analysera dans un paragraphe futur les conséquences de réglages différents.

D'autres systèmes existent, basés sur des approches différentes de la notion de volatilité. Nous étudierons notamment, au chapitre 3, le système des bandes de Keltner et sa relation très importante avec les bandes de Bollinger.

Rappelons que John Bollinger, né en 1950, est un auteur et analyste financier américain. Il a développé son système de bandes dans les années 1980. Il a créé par la suite la société « Bollinger Capital Management » qui produit des conseils d'investissements aux particuliers comme aux entreprises en s'appuyant sur l'approche qu'il a développée. Il a également produit des analyses techniques à destination de grands médias comme CNBC, *The Wall Street Journal*, *The New York Times…*

L'AFATE a eu le plaisir de recevoir John Bollinger à Paris dans les années 2000.

CHAPITRE 2

EXPLOITATION DES BANDES DE BOLLINGER

1. Introduction

On a vu dans le chapitre précédent, dans les conditions classiques de paramétrage des bandes de Bollinger, que la probabilité d'avoir les cours futurs à l'intérieur des bandes est d'environ 89 %.

L'intérêt majeur du système est de détecter les situations où les cours sortent des bandes, vers le haut ou vers le bas. Cela signifie qu'il s'est probablement passé un évènement – attendu ou non – qui a modifié la distribution statistique des cours. Une sortie des bandes indique une augmentation brutale de la volatilité, comme sur le graphique ci-dessous :

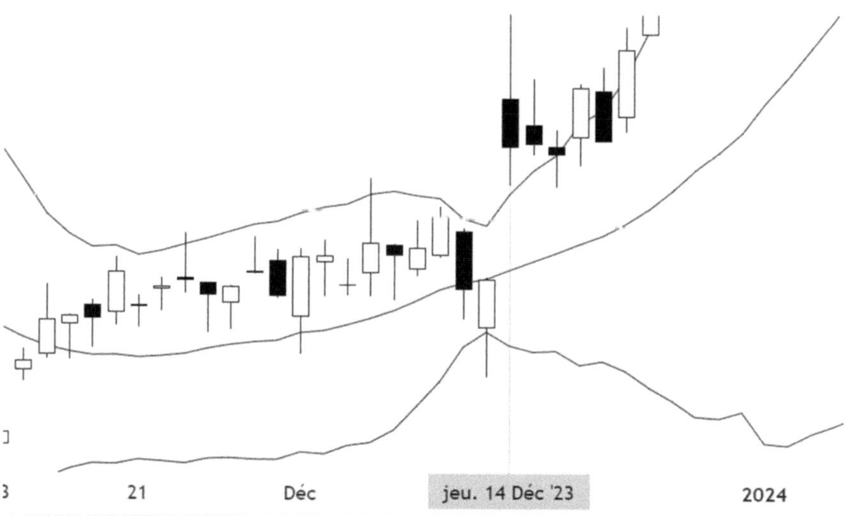

Les cours évoluaient depuis plusieurs semaines avec une faible volatilité, et le 14 décembre, un événement est survenu qui a entraîné un fort décalage des cours. La bande haute s'est ouverte et les cours sont restés toute la séance au-dessus de celle-ci.

Nous allons analyser toutes les phases de ce décalage lié à l'événement qui s'est produit.

2. Les 4 phases des bandes de Bollinger (mouvement haussier)

Cette approche est très différente, comme expliqué précédemment, de celle qu'a suivie John Bollinger. Les deux sont complémentaires.

Nous allons préciser cette utilisation à partir de l'exemple suivant. La partie basse du graphique est une représentation des volumes de transactions.

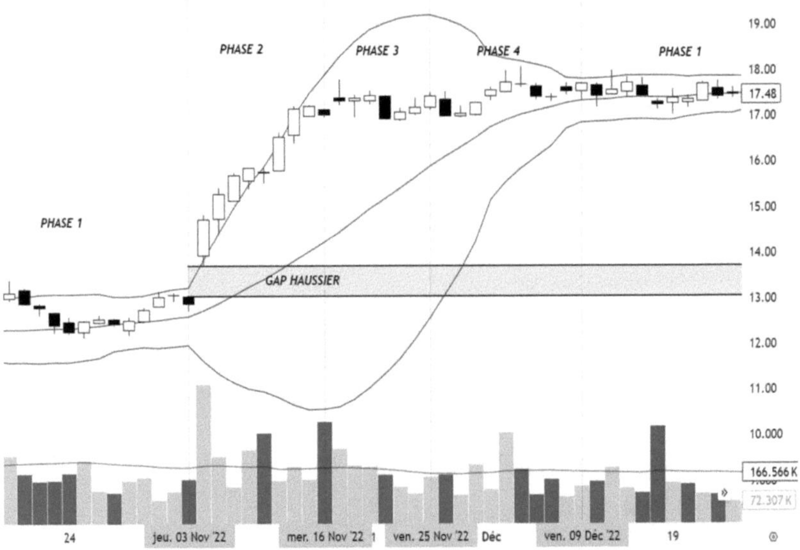

a) Jusqu'au 3 novembre, les prix sont dans un range. Les bandes haute et basse sont (quasiment) horizontales ainsi que la moyenne mobile. L'amplitude de ce range est peu importante. Cela correspond à **la phase 1 des bandes de Bollinger dite phase de squeeze**. Il ne se passe pas grand-chose sur l'actif, la volatilité est très faible et les volumes de transaction généralement inférieurs à leur moyenne. Ils correspondent plutôt à des opérations spéculatives sur le court terme. L'actif est dans une zone de prix qui fait consensus : il est « à son prix ».

b) Le 4 novembre, une puissante impulsion se produit. Elle peut avoir plusieurs origines : sortie de résultats trimestriels ou annuels pour les actions, décisions de Banques Centrales sur leurs taux d'intervention pour le Forex, statistiques macroéconomiques pour les indices, nouvelles géopolitiques pour les matières premières… Dans le cas présenté, cette impulsion s'accompagne en plus de l'ouverture d'un gap haussier qui témoigne de l'importance de la nouvelle, de sa capacité à modifier de manière significative le prix d'équilibre de l'actif. On note également une très forte augmentation des volumes : les investisseurs veulent profiter des conséquences de la nouvelle sur le cours de Bourse futur de l'actif. Les prix franchissent la bande de Bollinger haute et la bande basse part à la baisse. Nous sommes rentrés dans la **phase 2 des bandes de Bollinger qui est la phase impulsive**.

c) Le mouvement acheteur se poursuit, les volumes se réduisent par rapport à la première sortie impulsive de la bande haute mais restent significatifs. On a alors une série de quatre bougies blanches dont tout le corps est au-dessus de la bande haute. On a simplement quelques mèches de test de cette même bande confirmant la force du mouvement. La cinquième bougie est un doji (bougie quasiment sans corps et avec des mèches haute et basse) marquant une pause dans la hausse. On constate une augmentation des volumes montrant la sortie de certains investisseurs. Le mouvement se poursuit mais on note une réduction du momentum : les deux clôtures suivantes se font au contact de la bande haute mais les corps des bougies sont revenus sous cette même bande.

d) Le 16 novembre marque une modification du rythme de la progression des cours. C'est la première séance présentant une bougie rouge depuis le démarrage de l'impulsion haussière. Elle est certes de petite taille et ne correspond pas à l'amorce d'un changement de tendance mais plutôt à une stabilisation des prix. La bande basse, c'est-à-dire la bande opposée au mouvement, commence à se retourner. On arrive à l'extrême de la volatilité. **Le retournement de la bande de Bollinger située dans le sens opposé au mou-**

vement marque la fin de la phase 2 impulsive. **On rentre alors en phase 3 des bandes de Bollinger qui est la phase de confirmation ou de maturité de l'impulsion.**

e) Les prix n'évoluent plus beaucoup au cours de cette phase 3. On verra d'autres exemples où la progression se poursuit mais à un rythme très inférieur au dynamisme de la phase 2. On a généralement peu de contacts entre les prix et la bande haute dans cette phase, sauf si la phase 2 a été courte ou si un gap en début de phase 3 relance la dynamique du mouvement. Les volumes ne marquent pas non plus un grand dynamisme des investisseurs. Le 25 novembre, la bande haute se retourne à son tour. On entre dans une phase de forte réduction de la volatilité. Le mouvement impulsif est terminé. **Le retournement de la bande de Bollinger située dans le sens du mouvement marque la fin de la phase 3. On rentre en phase 4 des bandes de Bollinger.**

f) Cette phase 4 se termine début décembre. Les prix sont stabilisés. La volatilité décroît fortement, les volumes sont plus erratiques, généralement en dessous de leur moyenne. On peut avoir des séances avec des volumes significatifs si le marché espère un redémarrage rapide du mouvement impulsif. Les prix évoluent généralement autour de la MM20 avec des traversées de celle-ci. Dans le cas présent, les prix se maintiennent au-dessus de la MM20. On entre vers le 10 décembre dans une nouvelle phase de squeeze (nouvelle phase 1).

g) Synthèse du mouvement en 4 phases :
- **avant le 4 novembre : phase de squeeze 1 ; volatilité très basse**
- **du 4 novembre au 16 novembre : phase impulsive 2 qui passe par un extrême de volatilité**
- **du 5 novembre au 16 novembre : phase 3 de maturité de l'impulsion**
- **du 26 novembre au 9 décembre : phase 4 de fin de mouvement qui annonce une nouvelle phase de squeeze.**

3. Signification du cycle en quatre phases

Lorsque les cours sont dans le premier squeeze avant le 3 novembre, ils évoluent autour de 12,50 avec des fluctuations faibles. Ce niveau fait consensus comme étant le vrai prix de l'actif tel qu'évalué par le marché. Un évènement favorable survient le 4 novembre qui fait progresser le prix de l'actif, ouvrir un gap haussier et franchir la bande de Bollinger haute.

Dans la phase 2 impulsive, le marché est acheteur, mais à partir de la phase 3, un équilibre est en train de se former autour de 17,25. C'est la nouvelle valeur qui fait consensus dans le marché en tenant compte des conséquences sur les résultats futurs de l'entreprise, suite à l'évènement survenu le 4 novembre.

On passe ainsi au cours de ces différentes phases d'un niveau d'équilibre des prix au nouvel équilibre qui tient compte des conséquences de l'événement sur le mouvement impulsif.

4. Cycle baissier

Le schéma est très similaire. Les phases baissières sont souvent plus dynamiques que les phases haussières dans la première partie du mouvement, mais l'équilibre futur est généralement plus long à atteindre. Dans l'exemple ci-dessous, la phase 2 débute par une bougie noire importante le 8 août qui permet l'ouverture de la bande basse de Bollinger. La clôture s'effectue sous cette bande. La phase 2 s'achève le 21 août avec le retournement de la bande haute de Bollinger. La fin de la phase 2, le 21 août, correspond au début, le lendemain, d'une consolidation importante. Elle ramène les cours au contact de la moyenne mobile 20 périodes (MM20) à la fin de la phase 3, le 28 août, quand la bande basse commence à se retourner. Durant la phase 4, les cours évoluent de part et d'autre de la MM20. Le 7 septembre, la phase 4 se termine avec le retour d'une phase de squeeze, nouvelle phase 1.

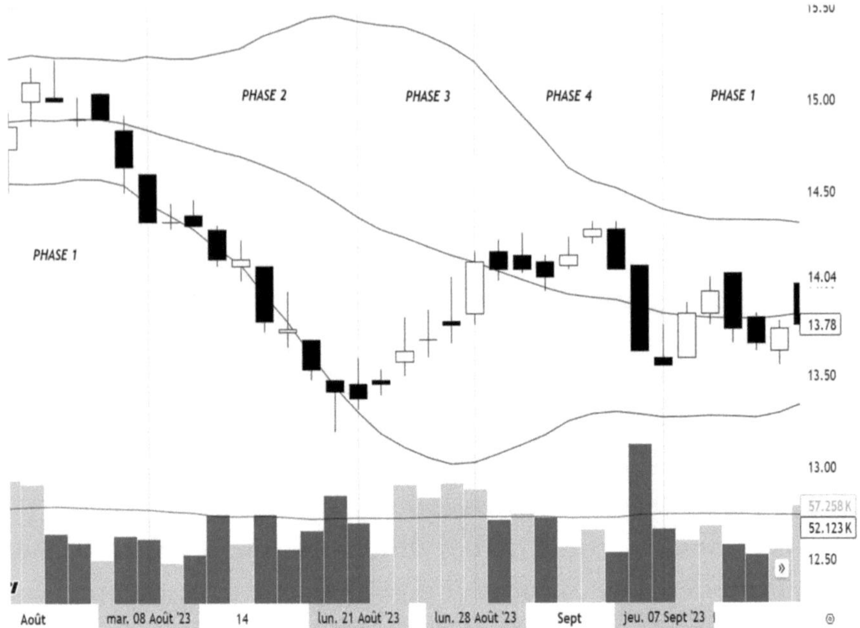

On voit ici une phase 2 plutôt longue, dynamique, caractéristique des structures d'impulsions baissières. La phase 3 est plus courte et vient corriger la forte dynamique de la phase 2. La structure des volumes est moins construite que dans le cas d'une impulsion haussière, la vitesse de la baisse modifiant la répartition.

On a ainsi une sorte d'oscillation qui correspond à la recherche par le marché de la nouvelle valeur de l'actif suite à l'événement initial qui a provoqué le décalage des prix.

5. Les différentes structures d'impulsion en 4 phases

On vient de voir que les structures de phases sont un peu différentes entre mouvement haussier et mouvement baissier.

Dans chacune de ces deux catégories, on va retrouver également des rythmes différents dont on va analyser les raisons, correspondant aux mouvements du marché pour retrouver un nouveau niveau d'équilibre des prix.

a)   Cette structure est illustrée par le graphique ci-dessous :

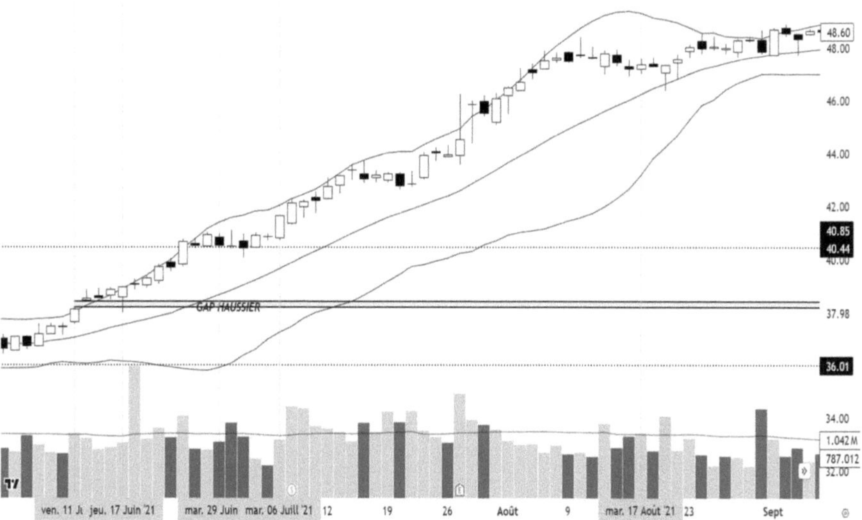

La bougie du 11 juin annonce une évolution haussière des cours en sortie de squeeze. La clôture est bien réalisée au-dessus d'une bande haute qui commence à s'ouvrir, mais c'est le gap haussier du lendemain qui donne un signal. Le marché va encore hésiter quelques séances avant de confirmer la tenue du gap, et la bougie du 17 juin confirme le véritable démarrage de l'impulsion. On note cependant un rythme « mou » du momentum haussier qui aboutit le 29 juin au retournement de la bande basse et une phase de latéralisation autour de 40,44 euros. Les acheteurs en position doivent avoir des raisons objectives de douter de la poursuite du mouvement. Il faut attendre la bougie dynamique du 6 juillet pour confirmer la poursuite du mouvement haussier. On note que désormais, la progression va se faire de manière continue et on n'a que très peu de clôtures au-dessus de la bande haute : c'est une des caractéristiques des phases 3. Les volumes marquent peu de variations, témoignant de la régularité du mouvement. Il se poursuit « en ligne droite » jusqu'au 17 août où la bande haute se retourne, marquant la fin du mouvement impulsif.

b)   On peut également avoir un système différent avec une phase 2 courte mais très impulsive. On retrouve souvent ce phénomène sur le Forex suite à une annonce de décision de Banque Centrale si la monnaie est concernée, ou sur une annonce macroéconomique importante.

Le graphique ci-après illustre ce phénomène, avec des bougies en 15 minutes sur EURUSD.

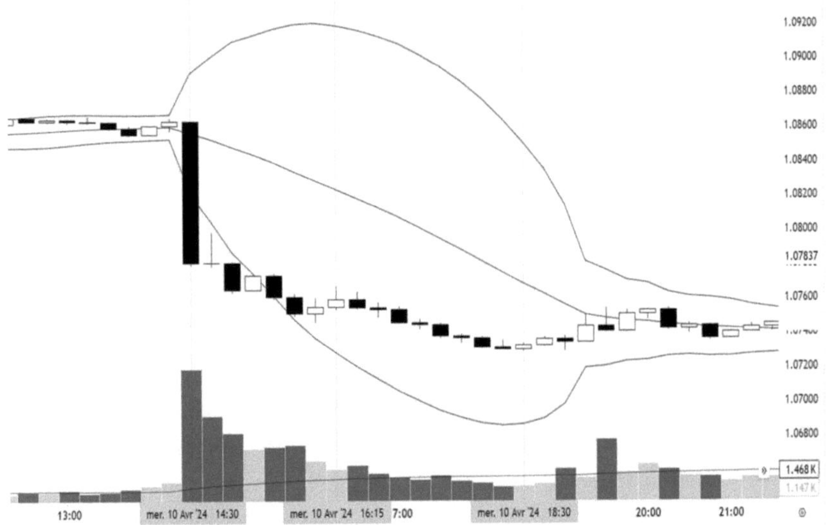

L'impulsion est rapide, accompagnée de volumes forts. La phase 2 est courte et correspond à la quasi-totalité de l'impact de l'impulsion. La phase 3 est plus longue et correspond à un lent amortissement de l'impulsion.

c)   En tendance baissière, il est très classique de retrouver sur les actions et des unités de temps comme le jour (graphiques en bougies quotidiennes) une phase 2 courte et très impulsive qui lance la poursuite – plus régulière – de la baisse dans une phase 3 longue durant laquelle on peut avoir la plus grande partie du mouvement baissier. On retrouve ce phénomène sur le graphique ci-dessous de PERNOD RICARD suite à une publication de résultats.

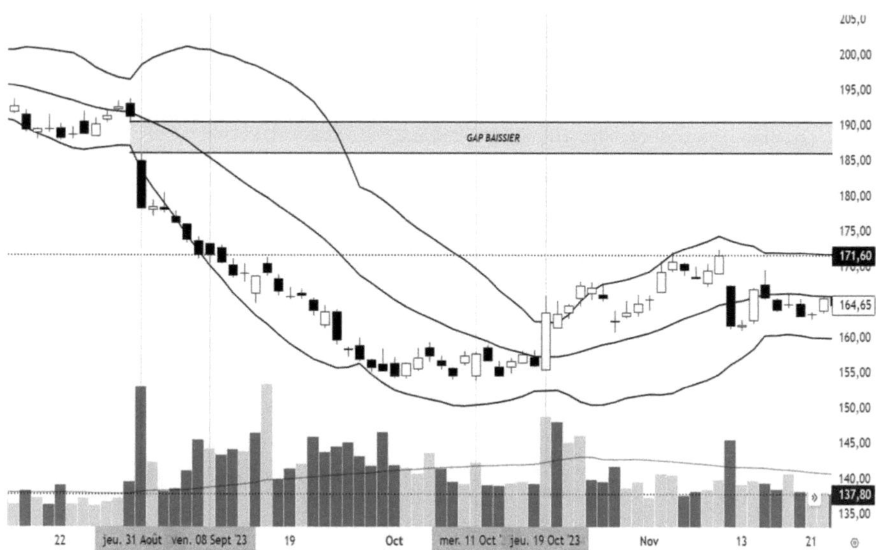

Une forte impulsion avec ouverture de gap baissier est déclenchée le 31 août. Elle est accompagnée d'un fort volume de transactions. La phase 2 se termine le 8 septembre avec le retournement de la bande haute. La phase 3 va durer plus d'un mois jusqu'au 11 octobre avec un retournement lent de la bande basse de Bollinger. On notera que les volumes demeurent solides durant toute la phase 3 montrant la mainmise des vendeurs sur le marché de l'action. Il faudra encore attendre jusqu'au 19 octobre pour rentrer en squeeze.

Les cours ont perdu environ 14 euros entre le bas du gap et la sortie de phase 2 ; ils vont en perdre encore environ 14 durant la phase 3.

    d)   Les deux derniers exemples montrent que :

– Un fort décalage des cours, classiquement accompagné de l'ouverture d'un gap, en ouverture de phase 2 va entraîner très rapidement une forte augmentation de la volatilité. Rappelons que le calcul de l'écart-type considère la différence entre le prix et la moyenne mobile, au carré, ce qui surpondère les phénomènes très impulsifs : c'en est justement le but ! Plus le décalage en début de phase 2 sera fort, plus courte sera la durée de phase 2, la volatilité et le décalage des cours ne pouvant augmenter indéfiniment.

– On retrouve souvent en fin de phase 2 une augmentation des volumes. Cela démontre l'existence d'investisseurs (généralement de court terme) qui exploitent uniquement les impulsions et soldent leur position dès la fin de cette phase 2. La situation est particulièrement claire dans l'exemple suivant qui concerne une impulsion haussière sur USDJPY avec des bougies en 1 heure.

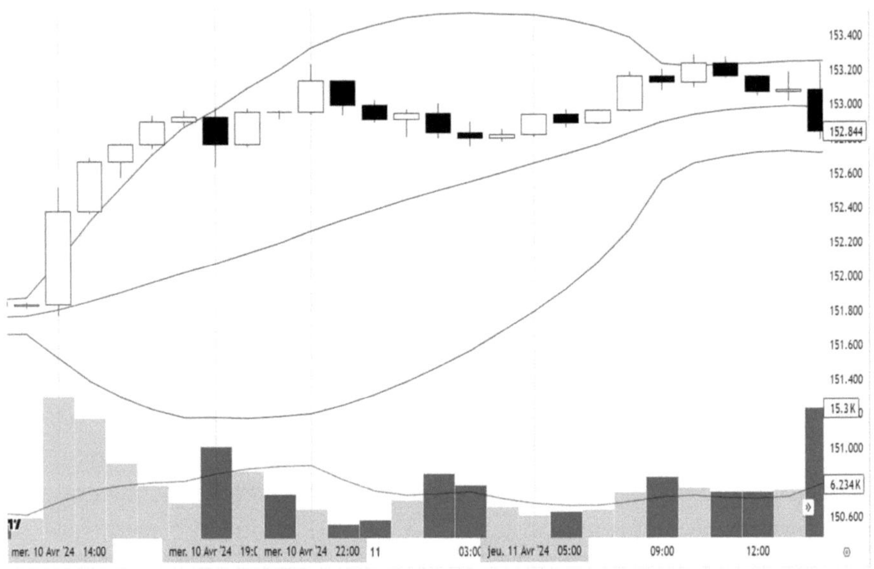

Le démarrage de l'impulsion s'accompagne de volumes forts qui se réduisent tout au long de la phase 2 et le retournement de la bande basse sur la bougie de 19 h marque une augmentation des volumes. Ils vont à nouveau se réduire tout au long de la phase 3. On notera qu'il peut être utile de suivre les volumes durant les quatre phases à l'aide d'une moyenne mobile courte, ici de 9 périodes. On voit clairement le retournement de la moyenne mobile des volumes à 22 h alors que les prix passent par leur sommet puis régressent régulièrement après.

e)   Le dernier exemple montre une des raisons qui entraîne une phase 2 courte alors que le momentum global est important. Il concerne AIRBUS :

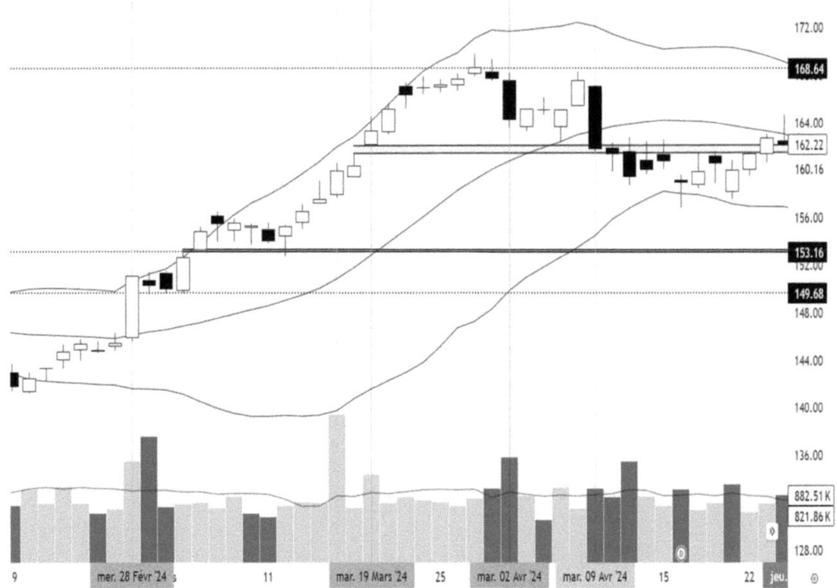

Une forte impulsion est donnée le 28 février. Elle se traduit par une longue bougie haussière qui est un « marubozu » : bougie sans mèche haute ni basse et qui indique que les cours ont démarré au plus bas de la séance et ont progressé tout au long de celle-ci. C'est un signal haussier fort qui permet l'ouverture de la bande haute et une clôture au-dessus de cette dernière. Le mouvement se prolonge jusqu'à l'ouverture d'un gap haussier mais les séances suivantes marquent une forme d'indécision avec le besoin des investisseurs de retester le gap. Cette période marque une rupture dans l'augmentation de la distance « prix – moyenne mobile » et par suite de l'évolution de l'écart-type. Il entraîne le retournement de la bande basse, de manière d'abord modérée, celle-ci demeurant plusieurs séances plate avant de se retourner de manière forte. Dans le même temps, les prix continuent leur progression avec un momentum moins élevé qui se traduit par une longue séquence sans contact avec la bande de Bollinger haute. Il faudra un nouveau gap haussier le 19 mars qui relance le mouvement pour retrouver des contacts avec cette bande. La bougie avec un corps noir important le 2 avril marquera une première rupture dans le momentum qui mettra quasiment à plat la bande haute. On note également un fort volume sur cette bougie, des investisseurs préférant sortir du marché et prendre leur bénéfice. La bougie présentant un corps noir encore plus important, le 9 avril, marquera la fin du mouvement haussier avec le retournement de la bande haute : fin de la phase 3, puis le comblement du gap haussier ouvert le 19 mars.

Ainsi, une consolidation survenant au cours de la phase 2 aura comme conséquence de réduire celle-ci sans forcément affecter la force du mouvement sur une plus longue période. Ces consolidations peuvent avoir un caractère sain, comme ici, de confirmer le gap comme un « gap de rupture » (voir p. 86 la définition des gaps dans *Les chandeliers japonais* du même auteur dans la même collection).

On notera à nouveau dans cette situation une augmentation des volumes lors de l'entrée en phase 2, lors de la sortie de la phase 2 et sur les bougies annonciatrices de la fin du mouvement impulsif les 2 et 9 avril.

5 – 2 Phase 2 longue et phase 3 courte

Cette situation est beaucoup moins fréquente que la situation précédente. Cela est logique, le propre de la phase 2 est de délivrer l'essence de l'impulsion.

a)   Le graphique suivant présente néanmoins un exemple :

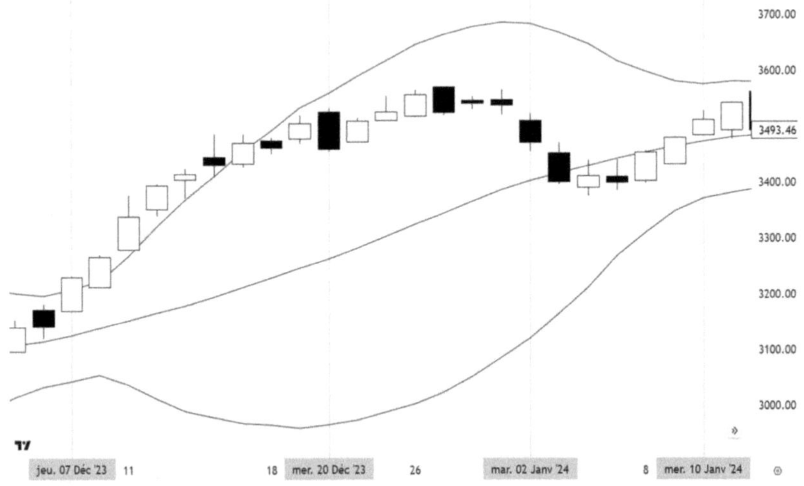

La phase 2 démarre avec l'ouverture de la bande haute le 7 décembre. Le mouvement est très impulsif, comme en témoignent les clôtures quotidiennes au-dessus de cette bande. On note cependant des corps de bougies qui sont réguliers mais de taille moyenne, donnant du rythme au mouvement. Il faut attendre une première prise de bénéfices le 20 décembre et une bougie noire en forme de « marubozu » pour solder la phase 2. Les acheteurs vont conserver la maîtrise du marché de l'actif mais le momentum est cassé, et après la succession de trois bougies noires, celle du 2 janvier marque la fin du mouvement impulsif et l'entrée en phase 4 qui se poursuivra jusqu'au 10 janvier.

b)   La situation suivante concerne l'entrée dans un mouvement baissier.

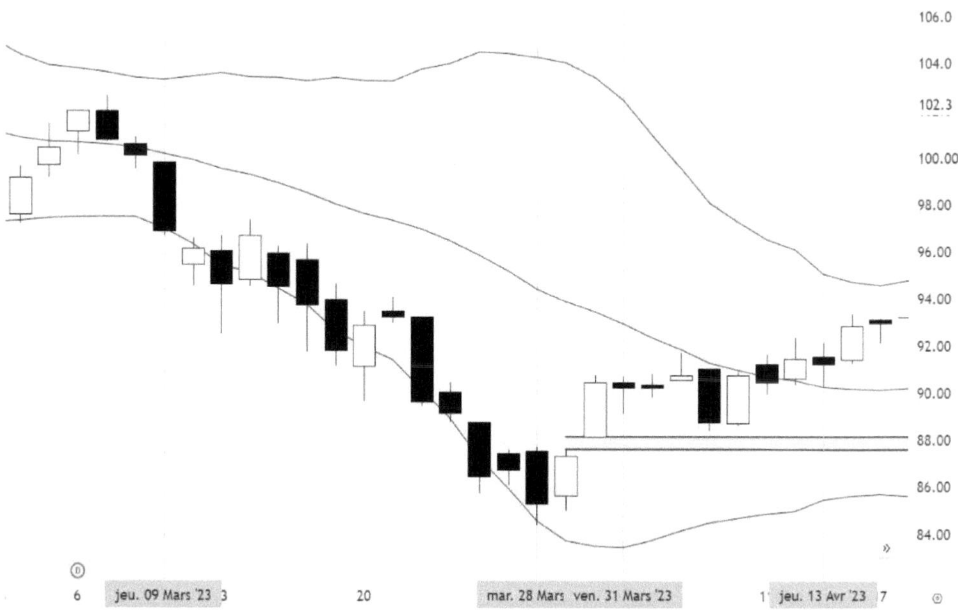

Il est initié avec l'ouverture de la bande basse et le quasi « marubozu » du 9 mars. On notera un phénomène peu fréquent qui est la persistance de la bande haute à l'horizontale durant plusieurs séances : la raison en est une moyenne mobile 20 séances qui était déjà baissière à l'origine de l'impulsion. Le mouvement baissier est fort, avec une très grande majorité de bougies noires à corps importants. La fin de la phase 2 correspond à deux bougies qui n'arrivent plus à clôturer sous la bande basse (27 et 28 mars), et malgré l'élan pris par le mouvement, la correction amplifiée par un gap haussier met fin à l'impulsion baissière. La phase 3 est ici courte. Il est dans la logique des mouvements baissiers, généralement plus impulsifs, d'avoir une phase 2 plutôt longue.

c) Le graphique suivant présente une configuration classique de structure impulsive accompagnée de l'ouverture de plusieurs gaps.

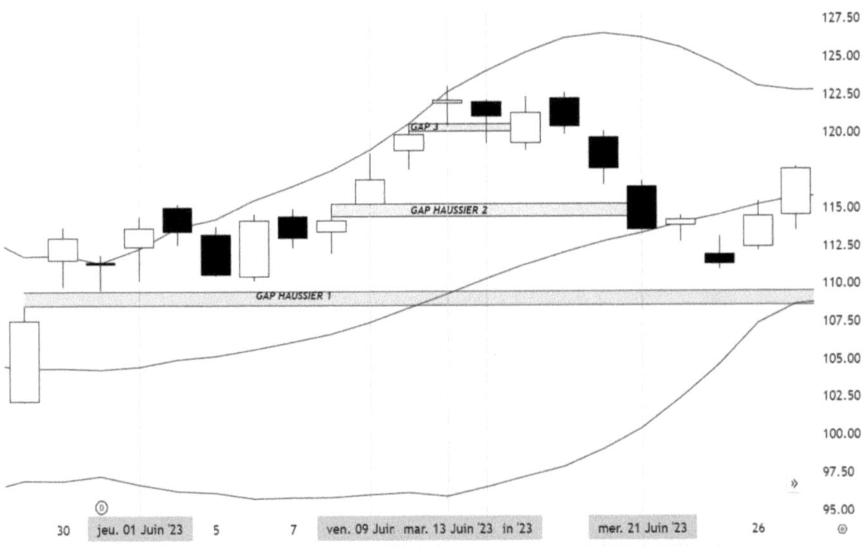

La bougie du 30 mai, après ouverture d'un gap de rupture, clôture au-dessus de la bande haute, mais il faut attendre le 1er juin, après retest du gap, pour que celle-ci s'ouvre, confirmant l'entrée en phase 2. Un gap de continuation est ouvert le 9 juin, confirmant la dynamique haussière. Cette dernière est cependant modérée car les clôtures ne se font pas au-dessus de la bande haute. Cependant, tant que ce gap n'est pas comblé, la dynamique n'est pas en danger. Il faudra attendre l'ouverture du troisième gap, le 13 juin, pour reconsidérer la situation. Celui-ci est potentiellement un gap d'essoufflement. S'il en est ainsi, il a vocation à être comblé (assez) rapidement. Sur la bougie suivante, le 14 juin, la bande basse commence à se retourner et il faudra attendre encore une séance pour que le gap soit confirmé d'essoufflement et marque vraiment la fin du momentum haussier. Les trois bougies noires suivantes dessinent une structure classique de retournement baissier en « trois corbeaux noirs » qui entraîne la fin de la phase 3 le 21 juin.

d)   Ainsi, les phases 2 longues concernent des impulsions, parfois accompagnées de gaps, dont la dynamique met du temps à se développer. Dans les cas haussiers que nous avons vus, la taille des corps des bougies est en général plus faible que dans les structures à momentum fort et phases 2 courtes. Dans le cas d'impulsions baissières, le décalage de prix en phase 2 longue sera beaucoup plus important.

5 – 3 Les structures hybrides

Cela correspond à des situations où les retournements des bandes au changement de phases ne sont pas clairs et définitifs comme dans les cas précédents. C'est même une situation assez générale.

<u>5 – 3 – 1 Retournement de la bande opposée au mouvement : fin de phase 2</u>

a) Dans la configuration ci-dessous, l'entrée en phase 2 n'est pas franche. La forme générale des bandes est plus heurtée que dans les cas que nous avons vus jusque-là.

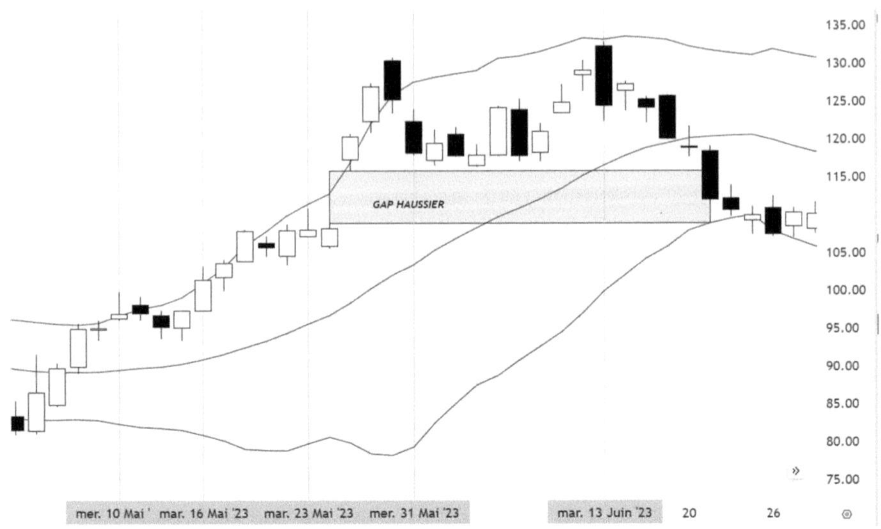

   Elle se produit formellement le 10 mai avec l'ouverture de la bande haute. Elle est la conséquence des trois bougies blanches dynamiques en fin de squeeze. Cependant, la bougie de ce jour est en forme de « doji pierre tombale » qui serait plutôt une alerte quant à la poursuite de la hausse. Il va falloir attendre le 16 mai pour avoir, enfin, une bougie dynamique qui doit attirer les acheteurs. Le mouvement impulsif de phase 2 se poursuit jusqu'au 23 mai où la bande basse commence à se retourner, marquant l'entrée en phase 3. Cependant, deux séances plus tard, un gap haussier significatif retourne à nouveau la bande basse vers le bas, indiquant un retour en phase 2 qui se terminera avec la bougie annonciatrice d'un retournement des prix le 30 mai : « couverture en nuage noir », confirmée le lendemain, 31 mai, par une nouvelle bougie noire présentant un corps de taille significative. Cette date marque le retournement définitif de la bande basse et l'entrée effective en phase 3.

   b) Dans l'exemple suivant, c'est l'apparition d'un gap, lié à une sortie de résultats, alors que l'actif est en phase 3 qui retourne la bande basse, créant une nouvelle phase 2 avant que la bougie noire (première d'une structure de retournement « trois corbeaux noirs ») du 8 février acte la fin de la dynamique impulsive et l'entrée en phase 3.

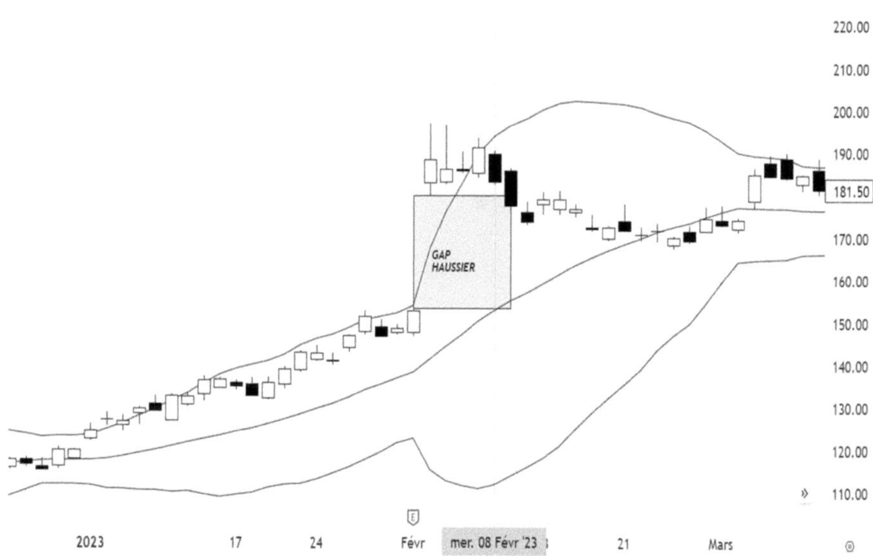

5 – 3 – 2 Entrée en phase 2 avec un squeeze court :

Il arrive assez régulièrement que l'entrée en phase 2 ne soit pas pré-cédée de phase de squeeze, ou d'une phase extrêmement courte.

Dans l'exemple suivant, le 30 mars, la bande haute se retourne sur une seule séance alors que la bande basse termine sa phase haussière liée au mouvement précédent. Les deux gaps haussiers ouverts les 31 mars et 1er avril témoignent d'une forte impulsion qui amène la clô-ture du 1er avril au-dessus de la bande haute. Le renversement brutal au moment où les cours entraient en phase de squeeze a réduit cette dernière à sa plus simple expression.

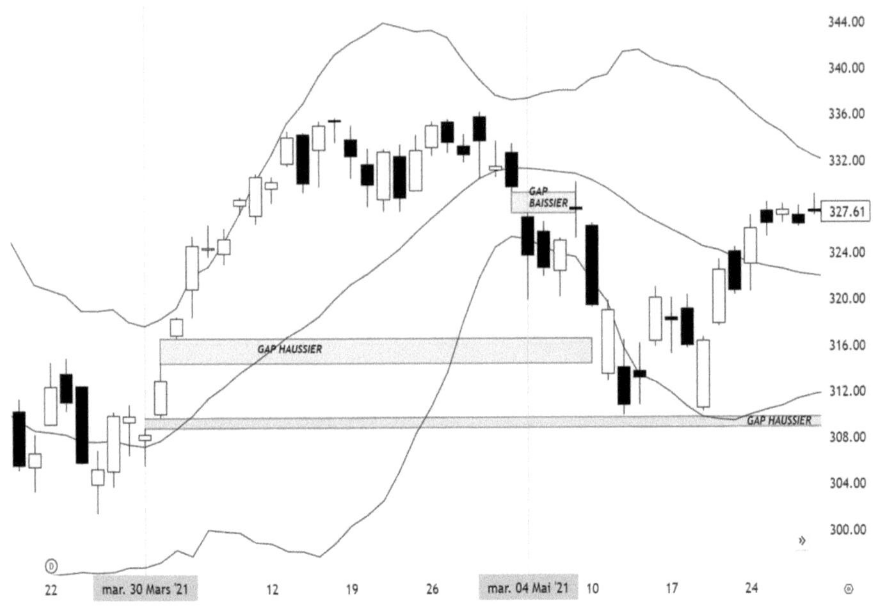

On retrouvera cette configuration quelques séances plus tard, avec l'ouverture d'un gap d'expulsion le 4 mai qui propulse le lendemain une clôture au-dessous de la bande basse et amorçant un nouveau mouvement baissier.

Ce type de situation se produit généralement lorsque l'actif est en range. Les mouvements décrits correspondent aux allers-retours à l'intérieur du range. Elle se produit également lors d'un retournement rapide de tendance.

On retrouve cette situation de range dans la figure suivante :

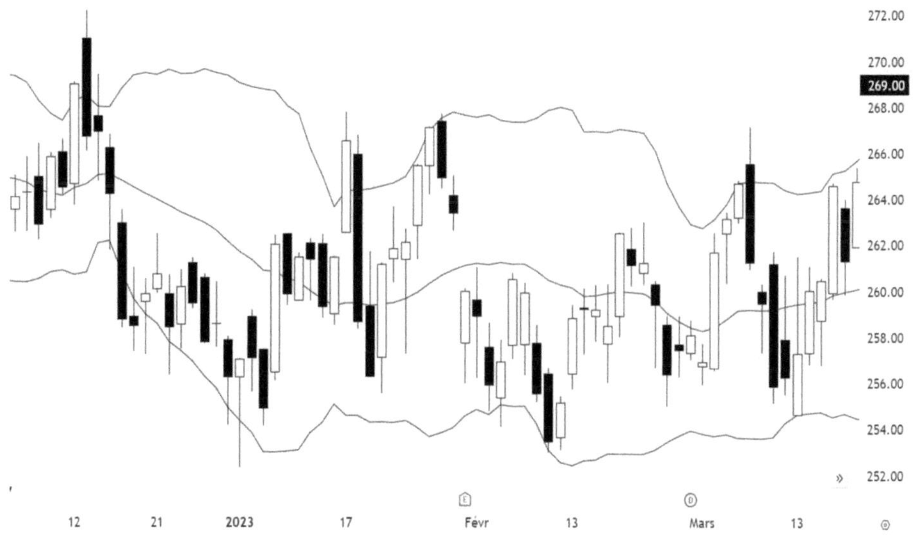

Cela indique clairement l'intérêt de l'utilisation des bandes de Bollinger dans des systèmes impulsifs et non en range, dans l'unité de temps considérée.

5 – 3 – 3 *Relance de la dynamique en cours de mouvement*

Dans l'exemple ci-dessous, la phase de squeeze s'achève par la clôture du 31 octobre au-dessus d'une bande haute en provoquant son ouverture. La bande basse ne se retourne pratiquement pas. Cela provient d'une moyenne mobile déjà haussière et n'est pas un frein au mouvement. Ce dernier a du mal à démarrer, la conviction des acheteurs ne semblant pas encore nette. Il faudra attendre l'ouverture du gap d'expulsion le 11 novembre et une clôture bien au-dessus de la bande haute pour voir une inflexion positive à la pente de la bande haute et à l'ouverture de la bande opposée.

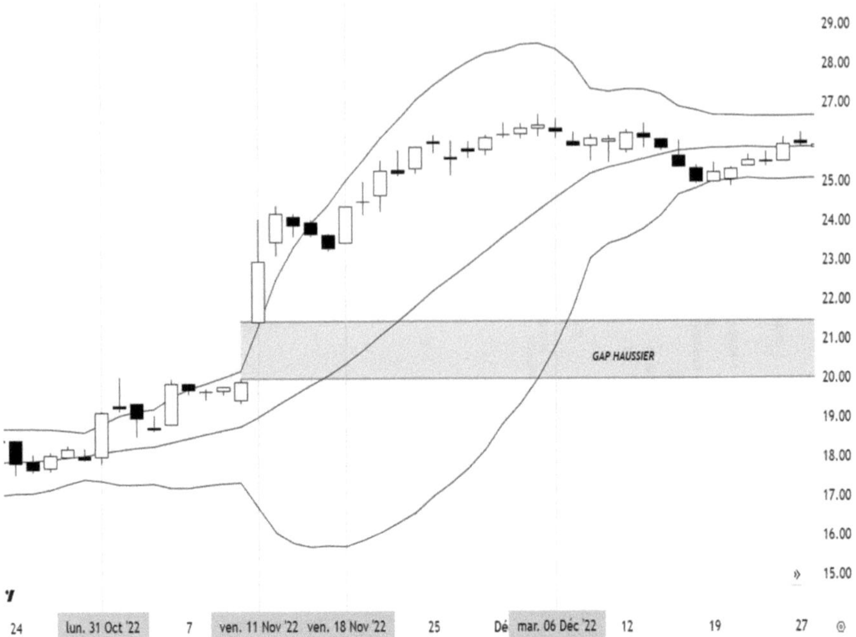

La consolidation qui intervient dans les jours qui suivent marque, grâce à la bougie blanche dynamique du 18 novembre, une structure de continuation haussière (structure dite des « trois méthodes ascendantes » : voir *Les chandeliers japonais* du même auteur). Cette baisse temporaire de la volatilité entraîne le passage en phase 3. Malgré cette consolidation, on retrouve les éléments techniques favorables du gap d'expulsion qui permettent aux prix de continuer à progresser durant cette phase 3 d'environ 10 %.

La phase 3 se termine le 6 décembre après plusieurs bougies en forme de doji, chandeliers d'indécision qui anticipent la fin de la dynamique haussière.

5 – 4 Autres structures plus complexes

<u>5 – 4 – 1</u> Dans l'exemple suivant, après une clôture sous la bande basse et l'entrée en phase 2, le passage en phase 3 est rapide, le 23 février, mais l'évolution des cours par la suite marque des phases

40

impulsives, des consolidations, des gaps qui entraînent une évolution plus désordonnée de la bande haute. On voit, cependant, que ces perturbations n'ont pas d'incidence sur la dynamique globale du mouvement et de la construction générale du système impulsif en phases successives.

<u>5 – 4 – 2</u> Il peut arriver que la forme générale de la structure en 4 phases comme on vient de la voir soit complètement déformée. Plusieurs situations vont être analysées.

a)   Dans la configuration suivante, la structure complètement déformée vient du fait que les cours évoluent à l'intérieur d'un range, dans l'unité de temps considérée. Après une longue période impulsive, on est dans une phase de range un peu perturbée avec des tentatives d'ouverture des bandes dans les deux sens, mais aucune ne marquera une situation propice à une sortie impulsive.

La configuration suivante est assez semblable dans sa construction. Les tentatives de sortie des bandes, les 31 août et 12 octobre, n'ont en fait d'autre but que de rallier les bornes du range. C'est souvent le cas lorsque les sorties de phase 2 ne sont pas dynamiques et avortent rapidement. On notera les gaps à l'intérieur du range qui sont des « gaps communs », classiques dans cette circonstance : ils sont sans conséquence.

La dernière situation complexe ci-dessous nous permettra de tirer une conclusion claire de ce type de configuration.

Les cours évoluent ici à l'intérieur d'un large canal baissier entre début juin et début novembre. Les évolutions sont très heurtées comme en témoignent les bougies de grande taille et les nombreux gaps dans les deux sens, comme ceux – importants – des 31 août, 21 septembre et 2 novembre. Fin août, le retournement des bandes est violent, du fait du gap important ; il en est de même le 21 septembre pour la bande basse du fait – également – du gap à la même date. Enfin, un dernier gap, le 14 novembre provoquera la sortie haussière du canal baissier, l'ouverture de la bande haute et une longue impulsion haussière.

On comprend aisément que **l'investisseur aura tout intérêt à rester à l'écart de situations comme celle-là qui ne présente pas de modèle tendanciel bien défini. Les gaps, surtout d'expulsion, sont les meilleurs amis de l'investisseur à condition qu'ils interviennent au cours de séquences bien définies et claires. Les séquences complexes comme cette dernière sont sources de risques de pertes trop importantes pour chercher à les exploiter.**

Il est important pour l'analyste comme pour l'investisseur d'être alerté par la fin possible de l'impulsion. On a déjà vu que le passage des phases 2 à 3 marquait généralement une rupture dans le momentum ou du moins le fait que la volatilité ne progressait plus. De ce fait, les espoirs de prolonger l'impulsion longtemps après le passage en phase 3 étaient réduits.

Nous allons voir dans les paragraphes suivants différentes situations d'alerte.

5 – 5 – 1 Figure de retournement

a)   Dans l'exemple ci-après, le passage de phase 2 à phase 3 ne s'accompagne de rien d'autre qu'une baisse du momentum, mais l'alerte viendra en cours de phase 3, le 10 mai à 0 heure (graphique en bougies horaires), d'une figure de retournement classique de l'analyse en chandeliers japonais qui est une « englobante baissière », poursuivie par une nouvelle bougie noire qui approche la MM20, entraînant une forte baisse de la volatilité. Cette dernière va se poursuivre encore quelques séances avec des prix proches de la MM20 jusqu'au retournement de la bande haute et la fin de la phase 3 le 10 mai à 5 heures.

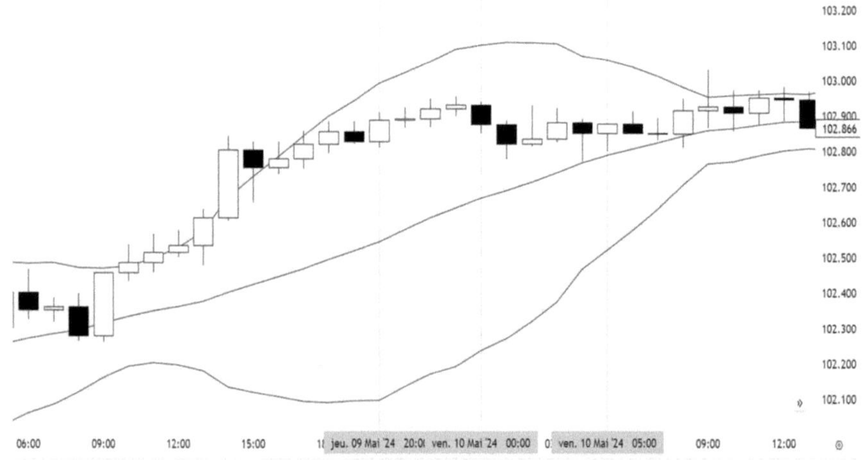

b) Dans cet exemple, la figure de retournement est une « étoile du soir » qui survient le 15 mai à 6 heures (bougies horaires) suite à une dernière relance de la tendance haussière deux heures plus tôt. Cette structure de retournement est prolongée par des bougies noires de belle taille qui entraînent une rupture rapide de la MM20 et confirment le retournement.

On pouvait largement anticiper à 6 heures la fin du mouvement impulsif dans la mesure où cette bougie se situait dans une phase déjà très avancée du système impulsif (phase 3 bien entamée). De plus, l'effet sur les bandes de la bougie impulsive de 4 heures n'avait pas permis un retour en phase 2 qui se serait traduit par un retournement baissier de la bande basse. Cette « étoile du soir », confirmée à 6 heures, représentait certainement une bonne opportunité de sortie de position pour un investisseur en position longue.

5 – 5 – 2 Forme des bougies

On a déjà indiqué à quel point il était important de lire le message que nous donne la forme de chaque bougie et d'une succession de bougies. Il illustre et révèle le combat permanent entre les camps acheteur et vendeur.

Dans la configuration suivante, on a un mouvement impulsif qui part progressivement de la bande basse, et le passage réel en phase 2 se produit le 13 mai à 13 heures (bougies horaires). Très vite, les prix ne progressent plus et les bougies deviennent des « doji » qui sont des bougies d'incertitude. On est parvenu à un accord sur le prix entre les camps acheteur et vendeur. Le momentum s'effondre. Le passage en phase 3 intervient alors rapidement. Cette phase est courte car les prix ne progressent plus et on est proche de la MM20, ce qui réduit encore la volatilité.

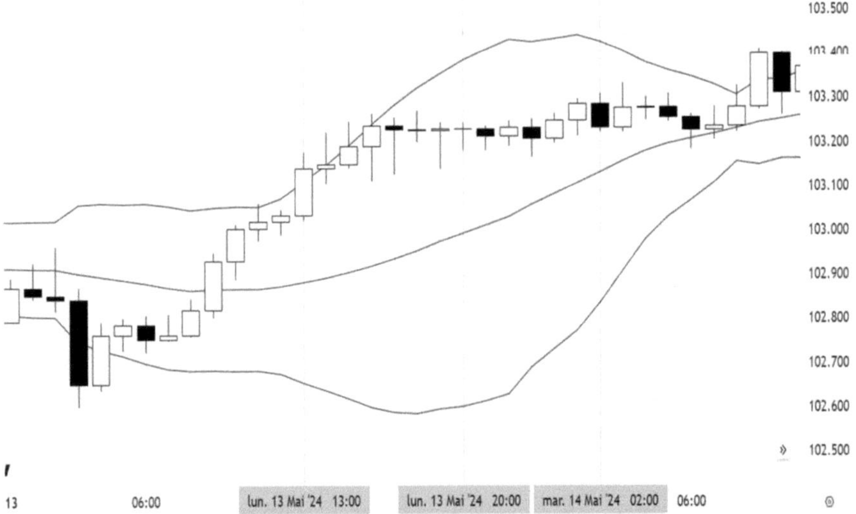

5 – 5 – 3 Fins d'impulsion en M (schéma haussier) et W (schéma baissier)

a)   *Structure en M.* Dans la figure suivante, les prix font un premier sommet le 20 mai à 3 heures (bougies horaires), puis consolident durant deux heures et repartent ensuite faire un second sommet, encore deux heures après, avant de marquer définitivement la fin de l'impulsion et la sortie de phase 3 sur la bougie de 8 heures. On notera que la bougie noire de 4 heures finit de dessiner une « étoile du soir » annonciatrice d'un retournement et de l'imminence de la fin du mouvement impulsif.

b)   *Structure en W*. Dans le schéma baissier suivant, la phase de squeeze est marquée par une très faible volatilité qui entraîne, en début de mouvement impulsif, un fort décalage des prix. Une structure de retournement marque sur la bougie du 19 mars à 10 heures (bougies horaires) la fin de la phase 2 puis un rapprochement de la MM20 qui entraîne une baisse de la volatilité. Après une période d'incertitude entre 15 heures et 17 heures, un gap baissier relance le mouvement jusqu'à la bougie du lendemain à 11 heures qui marque un nouveau plus bas dans le mouvement baissier. La bande basse, qui était sur le point de se fermer, reprend une voie baissière. Il faudra attendre la bougie de 9 heures le lendemain et l'important gap haussier pour voir les prix sortir de la phase 3 et franchir la MM20.

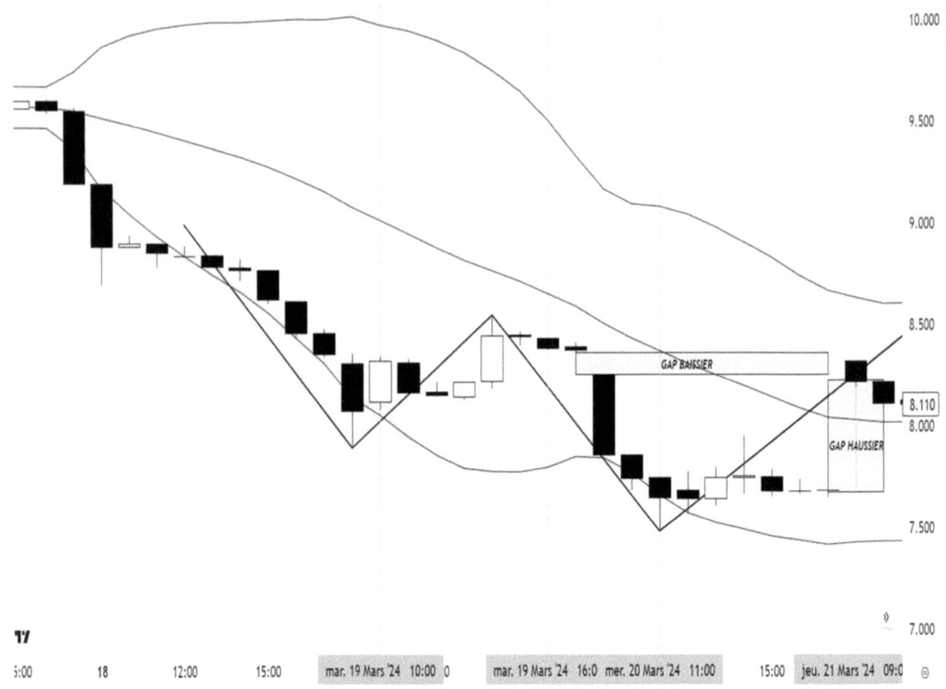

6. Importance déterminante de la moyenne mobile

Dans les graphiques présentés, nous avons adopté les réglages classiques des bandes de Bollinger, à savoir une moyenne mobile à 20 périodes (MM20) et des bandes écartées de la moyenne mobile de plus ou moins deux écarts-types.

Nous allons par la suite étudier le comportement de la MM20 dans chacune des phases du système impulsif.

6 – 1 Structure baissière classique

Reprenons une structure traditionnelle comme dans la configuration suivante, concernant une paire du Forex : AUD/USD en bougies horaires.

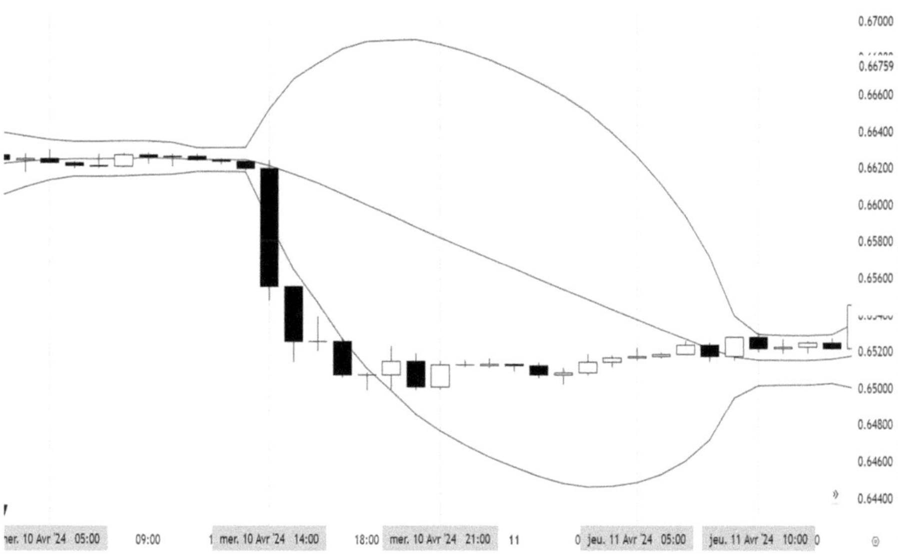

Suite au mouvement précédent, la phase de squeeze se déroule le 10 avril entre 5 heures du matin et 14 heures, moment où une violente impulsion baissière propulse les cours vers le bas. Durant cette première phase, les prix évoluent indifféremment au-dessus et en dessous de la MM20, celle-ci étant horizontale.

L'impulsion de 14 heures et la clôture sous la bande de Bollinger basse permettent à la MM20 de commencer à baisser. À 21 heures, la phase 2 se termine, et le lendemain à 5 heures, la phase 3 est terminée. Durant ces deux phases, la MM20 poursuit sa baisse et les prix demeurent en dessous de cette moyenne mobile. Il faut attendre la phase 4, entre 5 heures et 10 heures, pour voir la MM20 s'aplatir et les prix la franchir.

On notera par ailleurs cette structure particulière du mouvement en quatre phases qui s'explique par une impulsion particulièrement forte et rapide. On retrouve classiquement cette forme sur les paires du Forex dans des unités de temps courtes comme ici en bougies horaires ou des unités plus courtes.

Elle est illustrée dans la figure suivante. La phase de squeeze se termine le 13 février, à la faveur du gap haussier, par l'ouverture de la bande haute.

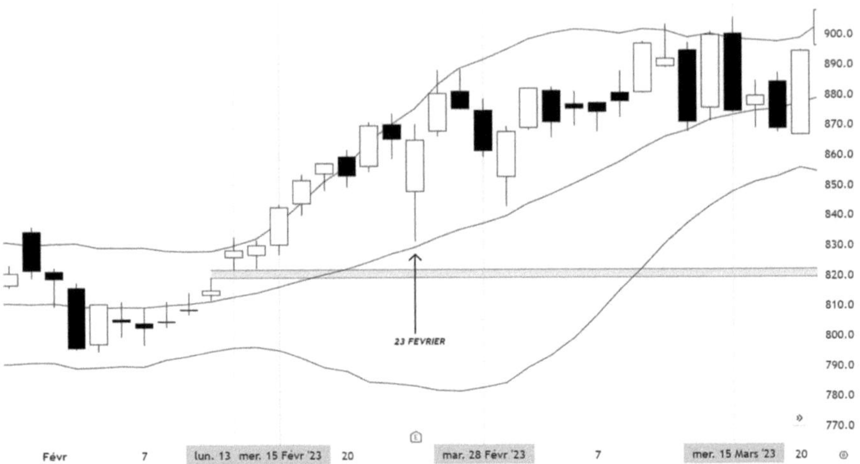

Durant cette première phase, la MM20 est à plat. Cependant, la dynamique haussière n'est pas totalement engagée malgré le gap du fait de deux bougies successives à petit corps et accompagnées de mèches haute et basse. Cependant, la MM20 commence à devenir haussière. Ce n'est que le 15 février que le camp acheteur prend le contrôle du marché de l'actif. On notera une première alerte pour le mouvement haussier le 23 février avec une bougie qui présente une mèche basse importante qui marque une attaque du camp vendeur. Cependant, les acheteurs ont défendu la MM20. C'est la succession de deux bougies noires les 27 et 28 février qui marquera la fin de la phase 2. Une nouvelle alerte est déclenchée le lendemain avec une bougie similaire à celle du 23 février, mais l'intégrité de la MM20 est sauvegardée. La phase 3 se termine le 15 mars, juste avant la rupture de la MM20.

6 – 3 Comportement de la MM20 en phases 2 et 3

On a indiqué précédemment qu'en phase de squeeze, les cours pouvaient aller et venir en franchissant ou en cassant la MM20. Elle n'a pas d'utilité dans cette phase.

Il en est différemment dans les autres phases.

La MM20 ne doit jamais être cassée (impulsion haussière) ou franchie (impulsion baissière) en phase 2.

Une rupture en schéma haussier correspondrait à un véritable effondrement de la volatilité qui ne pourrait se produire que dans le cas d'une annonce économique liée à l'actif très négative qui remettrait en cause le mouvement impulsif primaire. On serait alors en situation de « bull trap » (piège à acheteurs). On a pu constater dans l'exemple précédent que des mèches étaient venues près de la MM20. Cependant, les acheteurs ont défendu la zone de la MM20 qui n'a jamais été touchée.

On constate dans la configuration suivante que la situation peut être différente en phase 3. Elle n'est plus vraiment impulsive et le camp adverse peut envisager de reprendre la main et faire entrer brusquement l'actif en phase 4.

Une rupture (impulsion haussière) ou un franchissement (impulsion baissière) de la MM20 en phase 3 signifie le passage en phase 4. Il est indispensable que cela soit confirmé en clôture.

La configuration suivante en est l'illustration :

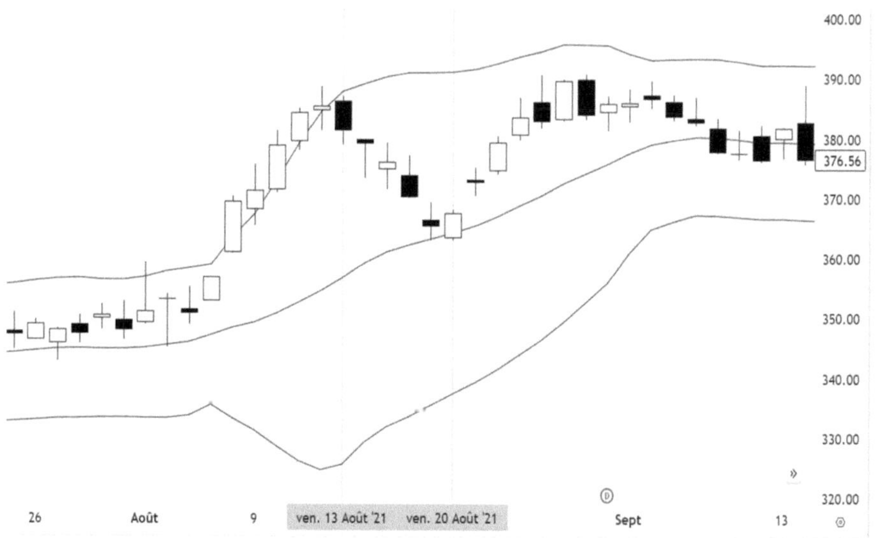

La phase 2 s'achève le 13 août et le 19 août en pleine phase 3, une consolidation amène au test de la MM20. Sa rupture aurait commencé à retourner la bande haute et fait entrer l'actif en phase 4. Le test a été ici favorable avec une bougie blanche de retournement le 20 août puis le lendemain, avec l'ouverture d'un gap haussier qui relance le mouvement. Le camp acheteur a défendu avec succès la MM20 ; on demeure en phase 3. On constatera souvent que le test favorable de la MM20 en phase 3 s'accompagne d'une relance de la tendance.

6 – 4 Comportement de la MM20 en phase 4

<u>6 – 4 – 1 : Franchissement ou rupture de la MM20</u>

La configuration suivante montre un exemple de configuration peu fréquente en ce qui concerne la longueur de la phase 4.

La phase 2 débute avec l'ouverture d'un gap haussier le 1er septembre et une clôture au-dessus de la bande haute de Bollinger. L'impulsion est puissante et la bougie du 12 septembre qui est une « étoile filante » anticipe le retournement qui va s'opérer trois séances plus tard et s'accompagner de la sortie de phase 2 le 14 septembre. La bougie noire puissante du 19 septembre marque le retournement de la bande haute et la fin de la phase 3. Dès le lendemain, la MM20 est cassée à la clôture de la première séance en phase 4. Cette dernière va être très longue, marquant un combat âpre entre les camps acheteur et vendeur, et s'accompagne de plusieurs franchissements et rupture de la MM20. La phase 4 sera vraiment achevée le 20 octobre avec une nouvelle cassure de la MM20, et l'aplatissement des bandes.

En phase 4, la volatilité régresse souvent très rapidement et la MM20 devient le « guide » du mouvement. Il est normal que les cours passent de part et d'autre de celle -ci.

<u>6 – 4 – 2 Non-franchissement ou non-rupture de la MM20</u>

Il s'agit là d'une configuration très intéressante pour l'investisseur, comme on le verra par la suite.

La configuration suivante présente plusieurs sujets d'intérêt pour l'analyste et pour l'investisseur.

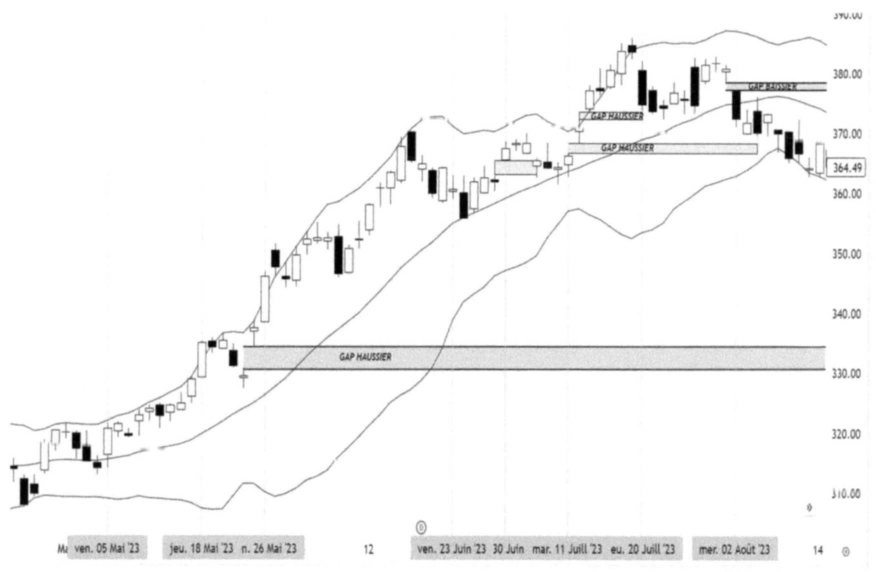

Le mouvement impulsif démarre de manière plutôt timide avec la bougie dynamique du 5 mai qui permet à la bande haute de s'ouvrir, sans qu'elle soit franchie en clôture. La progression des cours est cependant régulière. La dynamique s'enclenche vraiment avec la bougie du 18 mai qui est un « marubozu » (ouverture au plus bas de la séance, progression constante en séance et clôture au plus haut : pas de mèches haute ni basse). La dynamique est confirmée avec le gap haussier ouvert le 26 mai (gap d'expulsion) qui relance la phase 2 qui va finalement s'achever deux séances plus tard. La phase 3 est longue : elle témoigne de la capacité du camp acheteur à poursuivre le mouvement impulsif. Comme souvent, la progression en phase 3 ne provoque pas de clôture au-dessus de la bande haute : le momentum s'est réduit. La phase 3 s'achève le 23 juin. Au cours de la séance suivante, la MM20 est testée en clôture : on pourrait anticiper, compte tenu de la puissance de la bougie, une rupture de celle-ci lors de la séance suivante. Au contraire, les acheteurs défendent la moyenne mobile avec une bougie blanche présentant un corps important et de petites mèches. Mieux encore, le 30 juin, un gap haussier est ouvert, redonnant de la dynamique haussière au mouvement. La période de squeeze est courte autour du 11 juillet et deux gaps haussiers successifs les 12 et 13 juillet donnent le signal d'une nouvelle impulsion haussière qui propulse la clôture au-dessus de la bande haute. La nouvelle phase 2 s'achève le 20 juillet et il faudra attendre la fin de la phase 3, le 2 août, pour constater la première rupture de la MM20, confirmée par les séances suivantes qui mettent fin à toute cette séquence haussière.

Ainsi, la non-rupture en phase 4 de la MM20 est le signe que le mouvement haussier n'est peut-être pas terminé et que la phase 4 correspond à une simple consolidation.

On pourra tolérer, durant la phase 4, une clôture sous la MM20 à condition qu'elle demeure très proche de celle-ci et que la bougie suivante confirme le retournement en clôturant au-dessus de la MM20.

Le même phénomène, dans le cas d'un mouvement baissier, sera vrai en cas de non-franchissement de la MM20 avec la même exception possible que ci-dessus.

Dans un contexte très tendanciel, on pourra enchaîner les structures impulsives d'autant plus, comme dans la configuration suivante, si de nouveaux gaps baissiers viennent renforcer le momentum. Entre le 26 juillet, première entrée en phase 2, et le 15 novembre, fin de la troisième phase 4, les cours n'auront jamais franchi la MM20.

7. Analyse sur 3 unités de temps

Généralement, l'analyse sur une seule unité de temps est insuffisante car elle ne permet pas :

    – De positionner la situation dans un contexte de temps plus large et – notamment – celle des bandes par rapport à la phase où elles se trouvent dans les unités de temps inférieure et supérieure.
    – De tenir compte d'obstacles, plus lointains dans le temps, que l'unité actuelle ne décèle pas.

Les unités de temps que l'on utilisera dépendent de l'horizon temporel de l'analyse et de l'investissement.

Ce sera généralement :

– Très court terme (« scalping ») : m1, m15, H1, soit 1 minute, 15 minutes et 1 heure
– Court terme, correspondant à une approche sur la journée : m15, H1, H3 ou H4
– Court/moyen terme (« swing trading »), correspondant à un horizon de quelques jours
– Moyen terme : H4, D, W, soit 4 heures, jour, semaine
– Long terme : D, W, M, soit jour, semaine, mois.

Dans chaque cas, l'unité supérieure permet d'analyser la situation de l'actif avec une dynamique de long terme. L'expression « long terme » se fait en comparaison à la temporalité dans laquelle on se place. Pour un horizon limité à la journée, regarder un écran en H4 correspond à du moyen/long terme.

L'unité intermédiaire donne le contexte ainsi que la dynamique actuels par rapport au long terme.

L'unité inférieure donne la situation actuelle, notamment par rapport à la tendance. C'est elle qui précisera les éventuelles entrées en position pour l'investisseur.

L'exemple suivant expliquera cette approche.

a)   Graphique en mensuel :

b)   Graphique en hebdomadaire :

c)   Graphique en quotidien :

En mensuel, la tendance développée depuis quelques années est haussière. Un dernier mouvement impulsif est terminé depuis plusieurs mois et les prix évoluent désormais dans le squeeze de bandes en attendant le déclenchement d'un nouveau schéma impulsif qui donnera le sens futur de l'évolution de l'actif. On observe néanmoins une résistance à 63,26 qui empêche les cours de continuer la tendance haussière. Le squeeze est aussi la conséquence de cette situation de range entre 51,69 et 63,26.

En hebdomadaire, on retrouve cette situation de range. Dans ce cadre, le mouvement des bandes est plus aléatoire. On les retrouve aux abords des deux bornes, dans une configuration plate qui indique qu'elles conjuguent leurs influences en faisant de ces bornes des supports et résistances forts sur le long terme. Les deux dernières semaines ont vu les cours venir au contact de la borne haute alors que la bande haute était haussière. On attendra de voir si elle se met à plat, ce qui anticiperait un nouvel échec sur la borne haute du range. Une figure de retournement importante « étoile du soir » est en train de se former, qui milite également pour un nouvel échec sur le haut du range. En bougies quotidiennes, on visualise le dernier mouvement entre les deux bornes du range. La tendance est haussière dans cette unité de temps et les bandes montrent les schémas impulsifs successifs. La situation actuelle est bloquée dans un squeeze des bandes. On surveillera ainsi la sortie et la bande qui sera traversée pour déterminer le sens d'évolution.

Imaginons l'hypothèse d'une sortie haussière. La vision quotidienne sera la première à nous informer d'une clôture au-dessus de la borne haute du range. Cependant, le mouvement peut être de courte durée ou même un « bull trap » (piège à acheteurs). L'ouverture de la bande haute en hebdomadaire viendra lever le doute et confirmer la pérennité de la sortie. Enfin, l'ouverture de la bande haute mensuelle montrera que l'on est engagé dans un mouvement de très long terme.

Cette approche permet de contrôler la force d'un mouvement.

Elle sera également efficace pour pallier les « feintes de corps » (voir infra).

8. Modification des paramètres

Tous les développements précédents ont été réalisés à partir d'une moyenne mobile 20 périodes comme point de repère pour les prix et des bandes écartées de la MM20 de deux écarts-types.

Nous allons analyser les conséquences de modifications de ces paramètres.

8 – 1 Allongement de la moyenne mobile à 50 périodes

Sur le graphique suivant, les bandes calculées avec la MM20 sont en traits fins alors que celles calculées avec la moyenne mobile 50 périodes sont en traits épais.

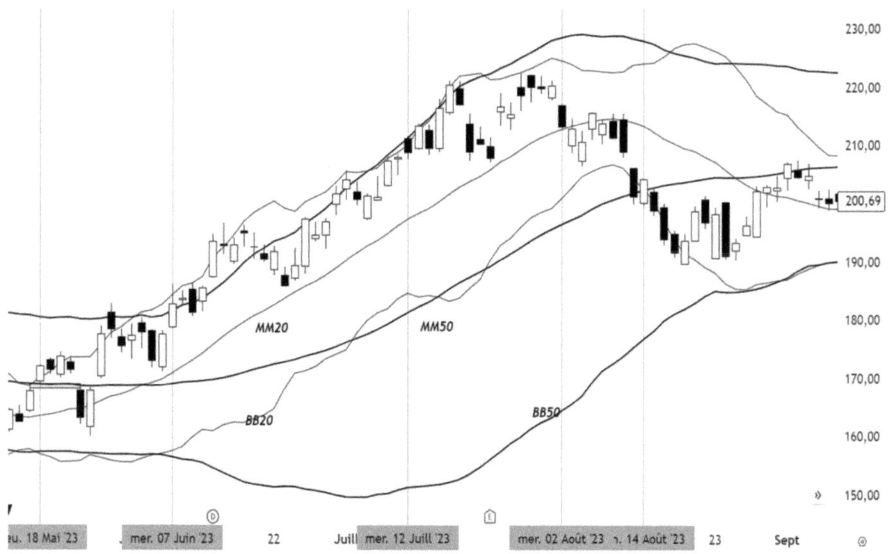

Dans le dispositif en 20 périodes, la bande haute s'ouvre le 18 mai et les cours clôturent au-dessus de cette bande à la faveur d'un gap haussier : le signal haussier est donné. Dans le cas du dispositif en 50 périodes, il faut attendre le 7 juin pour entrer en phase 2, soit près de 3 semaines après. C'est également cette date qui, dans le dispositif en 20 périodes, marque la fin de la phase 2. Il faut attendre le 12 juillet pour que le dispositif en 50 périodes termine sa phase 2.

Enfin, le dispositif en 20 séances termine sa phase 3 le 2 août, juste avant la rupture de la MM20, alors qu'il faut attendre le 14 août pour que le dispositif en 50 périodes en fasse autant.

On voit ainsi que ce dernier dispositif retarde entrée et sortie en position : l'investisseur achètera plus cher et vendra quand les cours auront déjà trop baissé. L'utilisation d'une moyenne mobile trop longue « lisse » le dispositif et fournit des points d'entrée et de sortie trop tardifs, réduisant le résultat de l'opération.

On pourrait alors imaginer réduire la proportion d'écarts-types afin de redonner un peu de « nervosité » au système.

Le graphique suivant est dessiné en traits épais avec une MM50 et un écart des bandes à 1,6 écart-type. Le système retrouve un peu de nervosité mais les dates de changement de phase ne sont quasiment pas modifiées :

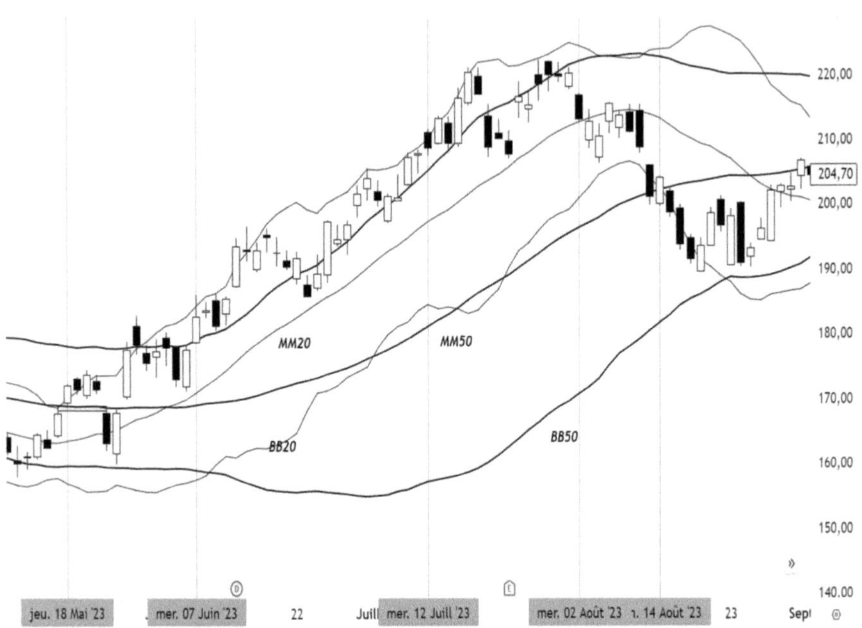

On peut donc déjà conclure que l'augmentation du nombre de périodes dans le calcul de la moyenne mobile ne donne pas de bons résultats, « amollissant » le dispositif et donnant des informations essentielles comme les dates de changement de phase retardées et en défaveur de l'investisseur. La réduction du nombre d'écarts-types dans le positionnement des bandes n'améliore pas la situation.

8 – 2 Réduction du nombre de périodes pour la moyenne mobile

Les situations suivantes vont montrer les « faux signaux » engendrés par la réduction du nombre de périodes considérées pour la moyenne mobile de référence.

a)   Graphique avec MM20 :

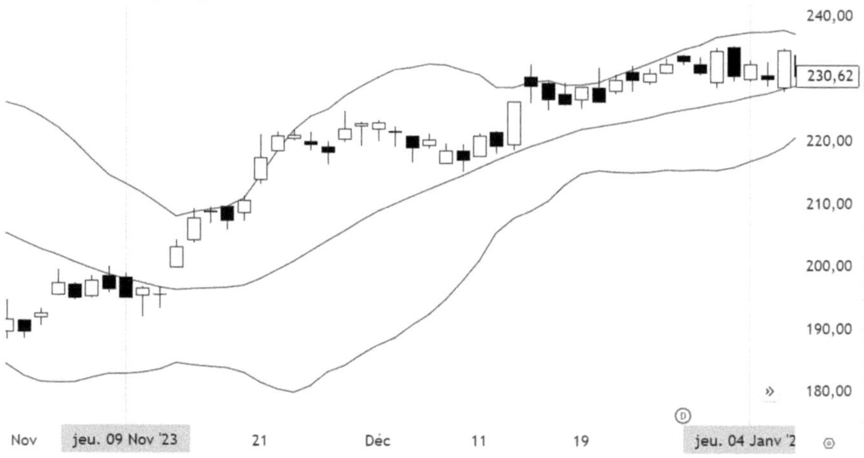

b)   Même graphique avec MM12 : moyenne mobile 12 périodes

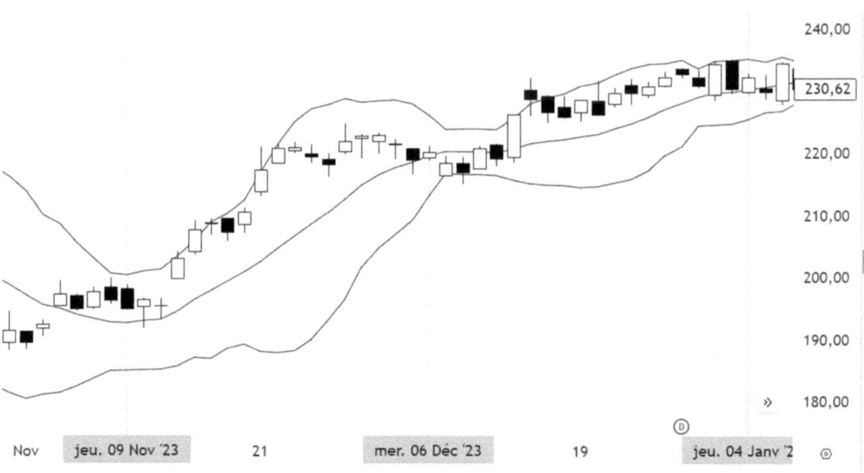

On voit sur ce dernier graphique une sortie de phase 3 le 6 décembre suivie de la rupture de la moyenne mobile le lendemain, donnant un signal de fin d'impulsion et de sortie théorique de position pour l'investisseur alors que le mouvement haussier va se poursuivre. Dans le cas du réglage avec une MM20, à aucun moment cette dernière n'est cassée. La réduction du nombre de périodes a entraîné un faux signal concrétisé par une sortie de position inutile.

La situation suivante, illustrée par les configurations c et d, entraîne une sortie également prématurée de phase 2.

c)	Avec MM20 :

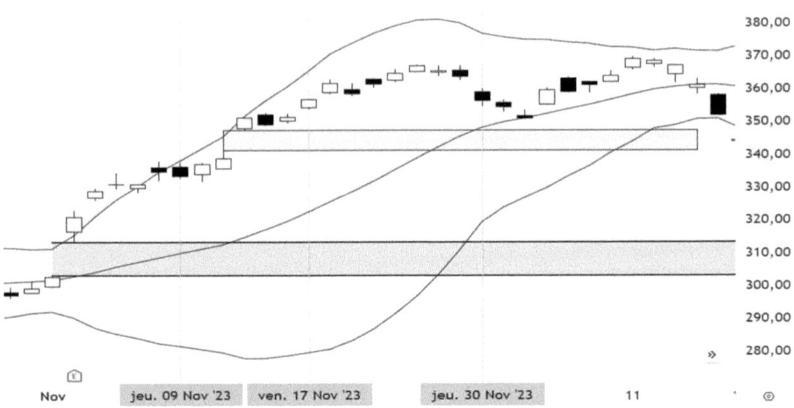

d)	Avec MM12 :

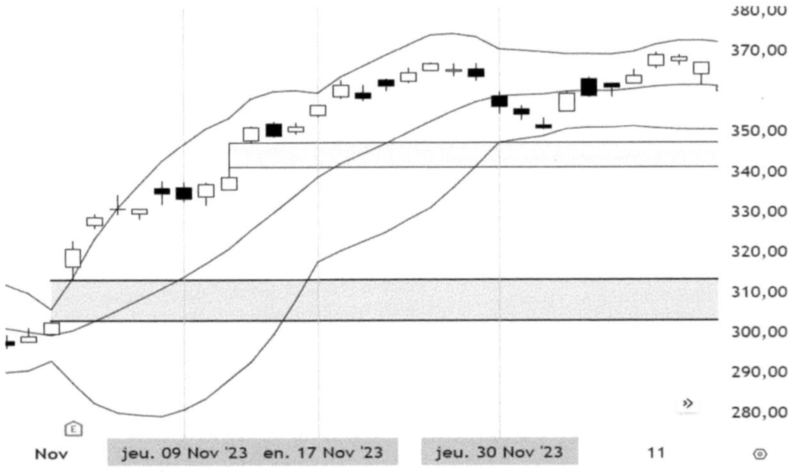

Dans le cas du calcul avec MM20, la sortie de phase 2 intervient le 17 novembre, et celle de la phase 3 le 30 novembre. Dans le cas d'un calcul sur 12 périodes, la sortie de phase 2 intervient le 9 novembre, et celle de phase 3 le 17 novembre. Le gap ouvert le lendemain permet à la bande haute de repartir vers le haut, mais un « faux signal »

de fin de phase 3 et de sortie de position avait été donné. On retrouve ce même phénomène d'anticipation des sorties de phases néfastes à l'investisseur.

La modification du nombre d'écarts-types (non illustrée ici) ne modifiera pas la date de sortie des phases 2 et 3.

En conclusion, le réglage choisi – certainement après un grand nombre de tests – par John Bollinger est le meilleur compromis : moyenne mobile 20 périodes et deux écarts-types. Il permet notamment une meilleure appréciation des moments de changement de phases, ce qui est déterminant pour l'investisseur.

9. Les bandes de Bollinger et les indicateurs

John Bollinger a imaginé deux indicateurs permettant de se situer par rapport aux bandes et de détecter le début et la fin d'une tendance. Ce sont :

– %b
– BandWidth

Ils sont disponibles sur la majorité des plateformes boursières.

9 – 1 : Indicateur %b

Il se calcule de la manière suivante :

%b = (Prix – BB inférieure) / (BB supérieure – BB inférieure)

Le numérateur représente l'écart entre les prix et la bande inférieure, et le dénominateur représente l'écart entre les bandes. Il est à 1 quand les prix sont sur la borne supérieure, à 0 quand ils sont sur la borne inférieure. L'indicateur peut passer négatif quand les prix sont sous la bande basse, indiquant le démarrage d'une impulsion baissière. Il peut également être supérieur à 1 quand les prix passent au-dessus de la bande supérieure, indiquant le démarrage d'une impulsion haussière.

L'indicateur est illustré dans la figure suivante :

On y retrouve les différentes situations :

– Contact le 24 octobre avec la bande haute : indicateur à 1
– Franchissement de la bande haute le 16 novembre, l'indicateur passe au-dessus de 1
– Rupture de la bande basse à partir du 25 septembre et le 8 décembre : l'indicateur passe en territoire négatif.

On note également durant la période comprise entre le 24 octobre et le 16 novembre une stabilisation de l'indicateur autour de 0,75. Cela montre une pression constante des acheteurs qui permettent aux prix de continuer à progresser alors que l'on est rentré en phase 3 et même en phase 4. Bien sûr, dans le même temps, on constate que les prix ne cassent jamais la MM20. Le niveau de l'indicateur et le positionnement des prix par rapport à la MM20 permettent à l'investisseur de rester en position s'il le souhaite.

Le %b est utilisé pour détecter les impulsions. Après leur déclenchement et le passage de l'indicateur par son sommet, celui-ci aura tendance à baisser – plus ou moins – en fonction de la position relative des prix et de la bande dans le sens du mouvement. Plus les prix auront de la difficulté à rester au contact de leur bande, plus l'indicateur aura tendance à baisser, anticipant la fin du mouvement impulsif.

L'indicateur %b est aussi utilisable dans les situations suivantes :

– Alerte de traversée de l'une ou l'autre des bandes en mettant des seuils à 0,9 pour une anticipation de franchissement de la bande haute et 0,1 pour une anticipation de rupture de la bande basse

– Alerte de fin de mouvement avec les mêmes seuils. La rupture de 0,9 indique le 4 août la fin de la phase 2.

Ces situations sont illustrées dans la figure suivante :

Le 1er juin, l'indicateur franchit 0,1. En même temps, la phase 2 se termine : les deux éléments se complètent pour annoncer la consolidation qui se met en place.

Le 6 juillet, l'indicateur passe en dessous de 0,9. Les prix ne réussissent plus à être au contact de la bande haute : le momentum haussier faiblit ; c'est le message délivré par l'indicateur en passant sous 0,9.

Dès le lendemain, les prix cassent la MM20 et la bande haute se retourne.

Un phénomène proche se produit le 4 août. Depuis plusieurs séances, les prix ont tendance à ne plus tenir la bande haute. Les mèches hautes des dernières bougies montrent une présence de plus en plus forte du camp vendeur. Le passage sous 0,9 pour l'indicateur le 4 août marque la fin de la phase 2. On notera, au cours des séances suivantes, que même si les prix tendent à se stabiliser et même à remonter un peu, l'indicateur poursuit son recul, les prix ne parvenant pas à se rapprocher de la bande haute : affaiblissement du momentum. Le 15 août, la MM20 est cassée et, deux séances plus tard, le 17 août, l'indicateur passe sous 0,1. Cependant, il ne passe pas en territoire négatif, montrant un manque de dynamique baissière. La bande basse n'est jamais cassée en clôture, l'indicateur repasse quelques séances plus tard au-dessus de 0,1 : il n'y aura pas d'impulsion baissière.

9 – 2 Indicateur BandWidth

Il est défini de la manière suivante :

BBW = (BB supérieure – BB inférieure) /MM

Il représente la largeur relative des bandes, calculée par rapport à la moyenne mobile, elle-même considérée sur 20 périodes, réglage que nous avons adopté pour les raisons expliquées plus avant dans l'ouvrage.

Le graphique ci-après montre les utilisations de cet indicateur. Tout d'abord, il permet d'identifier les zones de squeeze, comme entre les 8 et 15 décembre, autour du 26 janvier, entre les 24 février et 9 mars ou encore autour du 30 mai. Il passe, durant ces phases, par un niveau minimal. En effet, c'est au cours de ces périodes où les bandes sont resserrées que la différence (BB supérieure – BB inférieure) est la plus faible.

Une augmentation significative de l'indicateur montre le début puis le développement d'une impulsion. On note que plus l'impulsion est forte, plus elle entraîne un décalage important entre les bandes et une augmentation importante de la valeur de l'indicateur.

Dans la configuration décrite, la première impulsion, après le 15 décembre, permet à l'indicateur de passer par un sommet le 28 décembre à la valeur 13,24. La seconde impulsion, après le 26 janvier, est plus dynamique et l'indicateur monte jusqu'à un maximum de 28,56. Enfin, la dernière après le 9 mars monte à un niveau intermédiaire de 18,07 durant la période 30/27 mars.

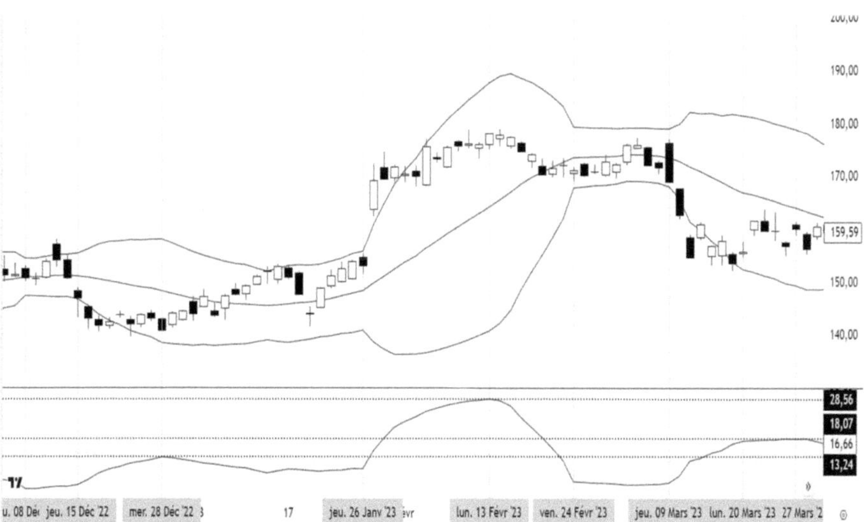

Cela permet de classer l'importance relative des trois phénomènes impulsifs. Enfin, on note que le niveau maximum de l'indicateur correspond au sommet (ou au plus bas en cas de mouvement baissier) de l'impulsion.

Ce niveau extrême peut être atteint sur quasiment une séance boursière dans les deux premiers cas ou durant plusieurs séances lorsqu'il y a consolidation du mouvement impulsif et que les bandes demeurent très écartées. On peut donc en conclure que lorsque l'indicateur passe par son sommet, le mouvement impulsif a donné le maximum de décalage des prix. **Le BandWidth permet ainsi de détecter la**

fin d'un mouvement impulsif et de suggérer à l'investisseur de clôturer sa position.

9 – 3 Utilisation conjointe des 2 indicateurs

Le graphique suivant va permettre de combiner l'utilisation des deux indicateurs avec la position des bandes et l'évolution des prix.

L'indicateur %b est présenté sous le BandWidth avec ses niveaux représentatifs de 0 (contact bande inférieure) et 1 (contact bande supérieure).

Le 18 août, le %b est autour de 1 car les prix sont proches de la bande haute, mais le niveau du BandWidth reste faible, indiquant qu'il n'y a pas de momentum. On est plutôt en train de rentrer dans une phase de squeeze. Il faudra attendre le 30 août pour qu'un mouvement baissier commence. Le %b passe par 0, devient légèrement négatif, marquant le passage des prix sous la bande basse. Le BandWidth se redresse, indiquant une augmentation du momentum.

Le 12 octobre marque la fin de l'impulsion baissière : le %b se redresse, indiquant un éloignement des prix de la bande basse (essoufflement du mouvement), et le BandWidth commence à baisser, indiquant le maximum atteint par l'impulsion.

Le 25 octobre, le %b passe par un sommet à un niveau important par rapport au passé, correspondant à une clôture bien au-dessus de la bande haute. Le BandWidth confirme l'augmentation de la volatilité qui passe par un maximum le 2 novembre, moment où se produit une consolidation des prix et la fin de la phase 2. Le mouvement haussier se poursuit néanmoins ; le %b diminue, ce qui est logique dans cette phase où les prix ont du mal à s'approcher de la bande haute, mais il demeure à un niveau élevé – autour de 0,80 – marquant une certaine dynamique haussière.

Les prix ne vont pas casser la MM20 durant la phase 4, le %band demeure élevé et repasse 1 le 21 novembre, marquant une nouvelle impulsion haussière. Le BandWitdh n'est pas descendu très bas, marquant une phase de squeeze avec des bandes peu resserrées, ce qui limitera la force de l'impulsion future.

Ces deux indicateurs ne sont pas bornés. Il est donc important, dans une situation donnée, de regarder dans le passé les niveaux atteints par leurs valeurs pour juger de la force des mouvements impulsifs actuels.

En conclusion, le %b est utile pour :

   – Situer les prix par rapport aux bandes
   – Positionner des alertes, par exemple sur des niveaux de 0,9 et 0,1 comme cela a été présenté.

Le BandWidth est utile pour :

   – Quantifier la largeur des bandes, ce qui donne une mesure de la volatilité
   – Identifier les phases de squeeze et leur intensité. Des bandes très resserrées durant le squeeze peuvent être annonciatrices de mouvements forts à venir. A contrario, comme dans l'exemple précédent autour du 21 novembre, des bandes peu resserrées durant le squeeze ont entraîné un mouvement plutôt « mou »
   – Déterminer le début et la fin d'un mouvement impulsif.

CHAPITRE 3
LES AUTRES SYSTÈMES DE BANDES

On a défini les bandes de Bollinger comme un système composé d'une moyenne mobile qui correspond à un index de prix et de bandes (ou enveloppes), au-dessous et au-dessus de la moyenne mobile, qui donnent la marge de fluctuation « normale » des prix en fonction d'un critère qui est l'écart-type.

Une sortie des prix des bandes correspond à une situation particulière, « anormale », et c'est ce à quoi on va s'intéresser pour détecter et suivre le mouvement impulsif.

Sur le même principe existent d'autres systèmes d'enveloppes, basés sur des paramètres différents mais qui, tous, sont relatifs à des notions de volatilité.

On s'intéressera ici à deux systèmes de bandes les plus utilisées, sachant que les bandes de Bollinger sont celles qui recueillent – et de loin – le plus d'intérêt.

Il existe d'autres systèmes comme les bandes Bomar, développées au début des années 1980 par Mark Chaikin et Bob Brogan, ou les canaux de Donchian, développés dans les années 1960 par Richard Donchian.

Nous allons évoquer les systèmes des bandes STARC et – surtout – les bandes de Keltner. On définira rapidement les premières et on s'intéressera plus précisément aux secondes car nous les utiliserons par la suite en complémentarité des bandes de Bollinger.

1. Les bandes STARC

Le système a été mis au point par Manning Stoller, trader de matières premières, et publié pour la première fois à l'occasion d'une conférence qui s'est tenue à Tokyo au printemps 1990.

Le système de bandes a été dénommé STARC : Stoller Average Range Channel. Il se compose d'une moyenne mobile simple et de bandes séparées de la moyenne mobile d'un multiple d'un indicateur de volatilité qui est le True Range (TR). Ce dernier est défini comme le plus grand des écarts :

- Plus haut du jour – plus bas du jour
- Plus haut du jour – clôture de la veille
- Plus bas du jour – clôture de la veille

Ces écarts sont à considérer en valeur absolue.

On voit que ces éléments concernent la notion de volatilité car ils cherchent à mesurer et exploiter le momentum d'évolution des prix. On a une mesure de ce dernier en choisissant la situation parmi les trois écarts qui donne la plus grande dynamique.

Les bandes STARC sont alors définies par :

$$\text{STARC haute} = \text{MM} + 3 * \text{TR}$$

$$\text{STARC basse} = \text{MM} - 3 * \text{TR}$$

Ce système est peu utilisé, peu disponible sur les plateformes de trading. Il présente l'intérêt de faire intervenir une notion directe de volatilité.

2. Les bandes de Keltner

Un système plus élaboré est celui imaginé par Chester Keltner dans les années 1960 puis « modernisé » par Linda Raschke dans les années 1980.

Il inclue la notion de True Range d'une manière différente à travers l'indicateur ATR. Ce dernier a été mis à jour par Welles Wilder. Il est un initiateur célèbre d'indicateurs techniques comme le RSI, l'ADX ou le SAR Parabolique.

Il lisse le True Range sur un certain nombre de périodes, en général 14. Chester Keltner utilisait une moyenne mobile exponentielle afin de donner plus de dynamisme à son dispositif en favorisant les dernières séances.

Il est également possible d'utiliser une moyenne mobile simple, comme nous le verrons, afin de combiner bandes de Keltner et bandes de Bollinger.

La formule de l'ATR est la suivante :

ATR du jour = (ATR de la veille * 13 + TR du jour) / 14

Les schémas des bandes de Keltner et de l'ATR sont présentés dans la figure suivante. On voit que l'ATR passe dans des sommets en fin de période impulsive comme les 27 juillet, 31 octobre ou 31 janvier. La consolidation qui suit le passage par les extrêmes d'impulsion entraîne une baisse de l'ATR, comme entre le 27 juillet et le 22 août ou entre le 31 octobre et le 2 janvier.

Les bandes de Keltner sont présentées ici avec les mêmes réglages que les bandes de Bollinger, à savoir :

$$\text{Keltner haute} = \text{MM20} + 2 * \text{ATR}$$

$$\text{Keltner basse} = \text{MM20} - 2 * \text{ATR}$$

On retrouve – a priori – un schéma proche de celui des bandes de Bollinger.

On note cependant une différence majeure : **lorsque les prix sortent des bandes de Keltner, cela annonce la fin du mouvement impulsif et un retournement du mouvement des prix**, comme c'est le cas dans la configuration ci-dessus les 27 juillet ou 31 octobre. **Dans le cas des Bollinger, c'est justement la sortie des bandes qui lance le mouvement impulsif.** On voit déjà tout l'intérêt d'associer les deux systèmes.

Les bandes de Keltner jouent un excellent rôle de support/résistance à la marche des prix.

Le dispositif de Keltner peut également fournir des signaux d'achat et de vente, comme cela est illustré dans le graphique ci-dessous :

Il est néanmoins indispensable pour valider le signal que les chandeliers dessinent une figure de retournement.

Le 26 mai, la bougie blanche présentant un corps important et de petites mèches vient combler le gap baissier ouvert deux séances plus tôt. Elle ramène les prix à l'intérieur des bandes et donne un signal acheteur.

Le 20 juin, la bougie noire puissante est une englobante baissière (elle englobe les corps des deux bougies précédentes) et annonce le retournement.

Le gap haussier ouvert le 27 octobre confirme le retournement.

Enfin, le gap baissier ouvert le 2 janvier confirme la structure de retournement appelée « île de retournement », constituée d'un gap haussier suivi d'un gap baissier qui isole « dans l'île » les quatre bougies comprises entre les deux gaps.

A contrario, une sortie des bandes de Keltner non suivie de figure technique de retournement confirme la poursuite de la dynamique et il faudra attendre l'apparition d'une figure de retournement pour constater la fin du mouvement impulsif comme illustré dans la configuration suivante.

Le 26 janvier, les prix cassent la bande basse de Keltner, mais le mouvement baissier se poursuit. Il faudra attendre le 9 février et une structure de retournement haussier en « étoile du matin » pour valider la fin du mouvement baissier.

Le 4 avril, la sortie baissière des bandes est très impulsive car elle s'accompagne le lendemain d'un gap baissier. Il faudra attendre le 13 mai et une figure de « creux en pince » suivie d'une bougie blanche qui ramène les prix à l'intérieur des bandes pour marquer la fin du mouvement baissier.

3. Association des systèmes de bandes de Bollinger et de Keltner

3 – 1 Le graphique suivant présente les deux systèmes avec les bandes de Bollinger en traits épais et celles de Keltner en traits fins. Les deux systèmes présentent le même index de comparaison des prix avec la moyenne mobile simple 20 périodes.

Il permet plusieurs constatations :

a) Les bandes de Keltner apparaissent plus « lissées » que celles de Bollinger. **La caractéristique de l'ATR est d'être moins volatil que l'écart-type utilisé dans les bandes de Bollinger.**

En effet, ce dernier calcule la distance entre la bougie et la MM20 et l'élève au carré. Cela a pour conséquence de faire varier de manière significative l'écart-type lorsqu'une ou plusieurs bougies s'écartent fortement de la MM20. C'est aussi le but recherché par le système des bandes de Bollinger que nous avons analysé : on cherche à connaître rapidement, par le passage en phase 2 des prix, le démarrage d'une séquence impulsive.

Les bandes de Keltner sont plus « lissées » que celles de Bollinger car l'ATR résulte d'un calcul moyen au premier degré (au sens mathématique) sur 14 périodes. Si une bougie impulsive apparaît, elle participera pour seulement $1/14^{\mathrm{e}}$ au calcul de l'ATR. Cela rappelle un peu les comparaisons de moyennes mobiles court et long terme. Comme pour ces dernières, on s'intéressera aux positions relatives des deux types de bandes et leurs croisements seront des évènements importants.

b) On note entre les 16 juin et 20 juillet que les bandes de Keltner sont extérieures aux Bollinger : bande de Keltner haute au-dessus de celle de Bollinger, et bande de Keltner basse sous celle de Bollinger. Dans ces circonstances, les prix ne parviennent pas à franchir la bande de Keltner haute. Par contre, la bougie puissante du 21 juillet permet à la bande de Bollinger de croiser puis de passer au-dessus de la bande haute de Keltner. Le mouvement haussier peut se poursuivre.

À nouveau, le 18 août, la sortie baissière des bandes de Bollinger qui s'amorce est entravée par une bande de Keltner basse sous la Bollinger. Après franchissement de la MM20 et un gap haussier, les prix vont au contact de la bande de Bollinger haute avec passage en phase 2. Cependant, la bande de Keltner haute est au-dessus de la Bollinger haute et joue le rôle de résistance dynamique aux prix.

L'échec de l'impulsion est consommé au 1er septembre. Enfin, entre les 2 et 23 octobre, la bande de Keltner basse est sous la Bollinger basse. Les prix poursuivent leur chemin baissier mais ne peuvent pas casser la bande de Keltner basse qui joue un rôle de support mobile pour les prix.

3 – 2 Le graphique suivant nous fournit de nouvelles informations relatives à cette comparaison de comportement de bandes.

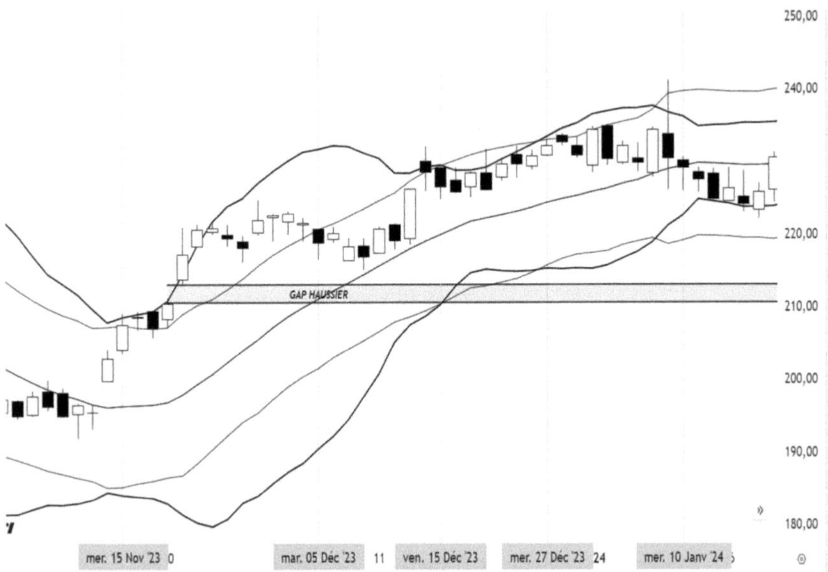

Le 15 novembre, les prix viennent au contact de la bande de Bollinger haute qui commence à s'ouvrir suite à l'impulsion et au gap haussier ouvert la veille. À ce moment, la bande de Keltner haute est bien sous celle de Bollinger mais elle finit un chemin baissier – marque de baisse forte de la volatilité – et se trouve à plat. Les prix ne parviennent pas à franchir la bande de Bollinger et il faudra attendre le gap haussier pour que la bande de Keltner se redresse et que les prix franchissent la bande haute de Bollinger, confirmant ainsi le caractère impulsif des prix.

Le 5 décembre, les prix cassent la bande de Keltner et viennent quasiment tester la MM20 : la tendance est en danger. La rupture de la bande de Keltner apparaît comme un signal avancé de modification du mouvement impulsif. De plus, les prix vont rapidement passer en phase 4 des Bollinger : le rapprochement de plusieurs bougies de la MM20 fait s'écrouler la volatilité au sens de Bollinger

Le mouvement haussier repart suite au test favorable de la MM20, mais à partir du 15 décembre, la bande de Keltner haute passe au-dessus de la Bollinger et ne permet pas une progression notable des prix qui ne peuvent clôturer au-dessus de la Bollinger haute. Le retour, le 27 décembre, de la Keltner sous la Bollinger ne permet toujours pas aux prix une progression significative. On remarque aussi que les deux bandes présentent des pentes molles, signe que le mouvement a beaucoup perdu de sa dynamique.

Le 10 janvier, le passage de la bande de Keltner au-dessus de la Bollinger et le passage en phase 4 des Bollinger marquent la fin du mouvement impulsif, puis la première rupture de la MM20.

3 – 3 Conclusions sur le positionnement relatif des bandes de Bollinger et de Keltner

On a mis en lumière plusieurs points importants :

a)   **Le système des bandes de Keltner est plus « lissé » que celui des bandes de Bollinger,** par construction. Le « lissage » de l'ATR sur 14 périodes est moins dynamique que la conséquence d'un écart-type amené au carré lors d'une bougie très impulsive.

b)   **Lorsque les bandes de Keltner sont à l'extérieur des bandes de Bollinger, elles jouent un rôle puissant de support ou de résistance, rendant tout investissement extrêmement risqué.** Le dispositif commun Bollinger + Keltner apparaît comme un **excellent filtre de faux signaux.**

c)   Lorsque l'impulsion a été validée par la sortie des prix des bandes de Bollinger et le retour des bandes de Keltner à l'intérieur des Bollinger, **la traversée des bandes par les prix est un indicateur fiable de fin de mouvement impulsif.**

d)   Lorsque les prix sortent des bandes de Keltner, cela annonce la fin du mouvement impulsif et un retournement des prix (à condition qu'il y ait une figure de retournement technique), alors que le même phénomène avec les bandes de Bollinger annonce le démarrage de l'impulsion.

On notera enfin que l'éditeur de logiciels de Bourse, depuis près de quarante ans, WALDATA (waldata.fr) a développé un outil très efficace : VBA (Volatility Bands Advisor) qui allie les bandes de Bollinger et de Keltner. Il permet de sélectionner les actifs qui présentent une situation impulsive débutant et propose une stratégie liée au mouvement directionnel.

4. Association bandes de Bollinger/bandes de Keltner : utilisation de plusieurs unités de temps

On a vu au paragraphe 7 du chapitre 2 l'intérêt de procéder à l'analyse sur 3 unités de temps. Ce principe va être illustré ici afin de détecter au plus tôt une impulsion potentielle.

Il arrive fréquemment que l'unité de temps qui est généralement considérée par l'analyste fournisse un signal de validation retardé, du fait, généralement, de deux phénomènes :

    – Les bandes sont écartées, les prix progressent mais mettent du temps à accéder à la bande de Bollinger haute (schéma haussier).
    – Les prix rentrent en phase 2 mais la bande de Keltner est encore extérieure à la Bollinger.

Une solution pour accélérer une éventuelle prise de décision est de descendre d'unité de temps d'analyse. Il faudra, bien sûr, tenir compte du fait que le changement d'unité de temps changera aussi l'horizon de prévision.

Dans la configuration suivante en vision quotidienne, la tendance baissière précédente connaît un plus bas à 58,05.

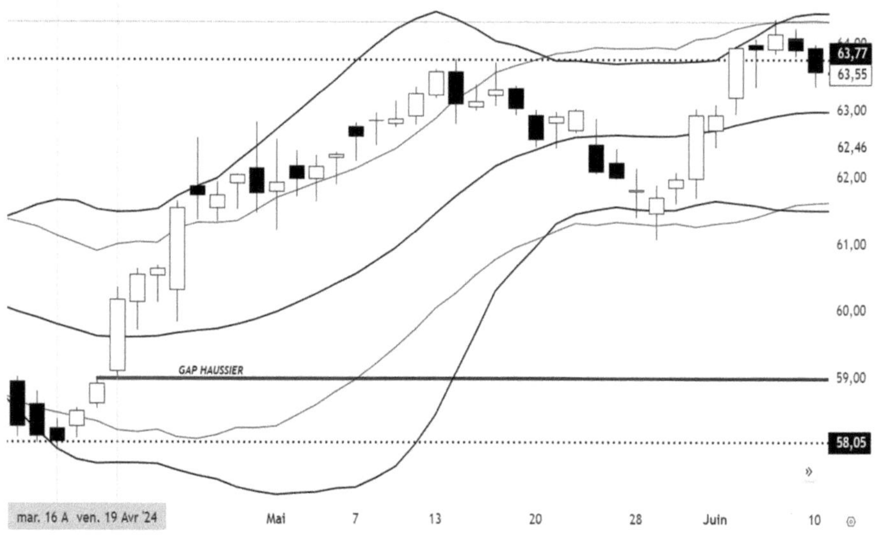

Les cours progressent sans franchir la bande de Bollinger haute en clôture jusqu'à 63,77 soit une progression de près de 10 % sans que la méthode n'ait donné de signal malgré plusieurs bougies blanches de belle taille et l'ouverture d'un gap haussier le 19 avril. Le fait de ne jamais franchir en clôture la bande haute apporte de l'indécision à l'analyste comme à l'investisseur. **Cela montre également que l'unité de temps considérée ne correspond pas au rythme du marché.**

Reprenons la même séquence en bougies 2 heures :

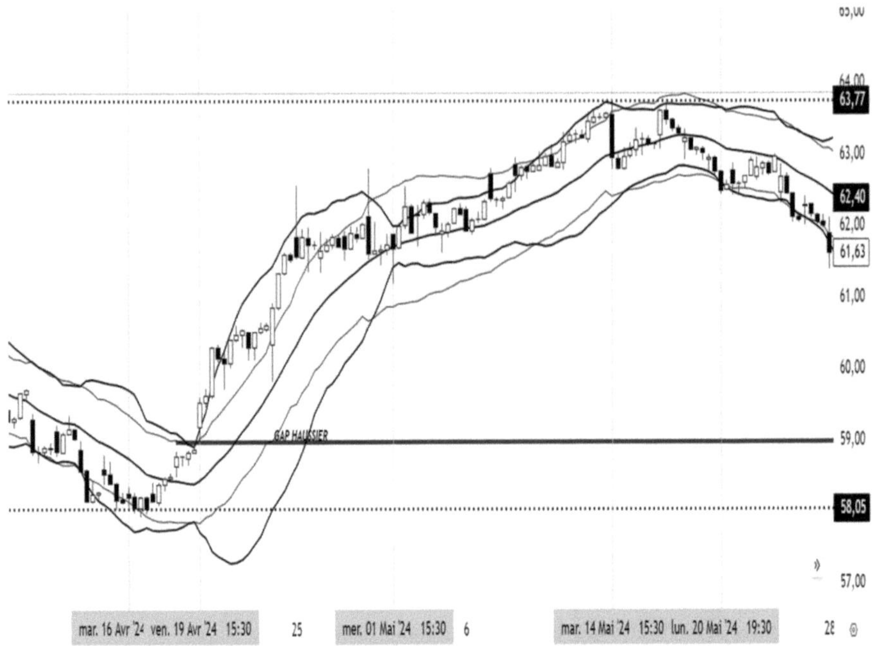

On retrouve le support à 58,05, puis le gap haussier sur la bougie de 15 h 30 du 19 avril à l'ouverture (société américaine cotée sur le S&P 500). Cette bougie blanche clôture au-dessus de la bande de Bollinger haute, la bande de Keltner étant sous la Bollinger. Le signal impulsif est donné avec une vision plus court-termiste. La progression des prix se poursuit dans des conditions classiques comme on l'a vu dans les paragraphes précédents. On passe par une très courte phase de squeeze le 1er mai à 15 h 30 sans jamais rompre la MM20 en clôture. La progression se poursuit avec une dynamique modérée, la bande de Keltner, extérieure à la Bollinger, agissant en résistance mobile. Suite au test de 63,77, le 14 mai à 15 h 30, la bougie noire permet une traversée de la MM20 une première fois. Le second test de 63,77 est suivi d'une rupture franche de la MM20 puis de la rupture de la bande basse de Bollinger le 30 mai à 19 h 30, initiant un mouvement baissier.

Le suivi de l'opération en 2 heures permet de mettre à jour (et d'en obtenir le signal) une impulsion haussière tout à fait orthodoxe. La fin de l'impulsion en 2 heures devra être confirmée par un recul des cours en vision quotidienne qui se traduirait par la rupture d'un niveau majeur (bande de Keltner, MM20) ou la fin de la phase 3.

La configuration suivante va permettre d'analyser la situation – classique – pour laquelle la bande de Keltner est extérieure à la Bollinger alors que (tendance haussière) les cours poursuivent leur progression.

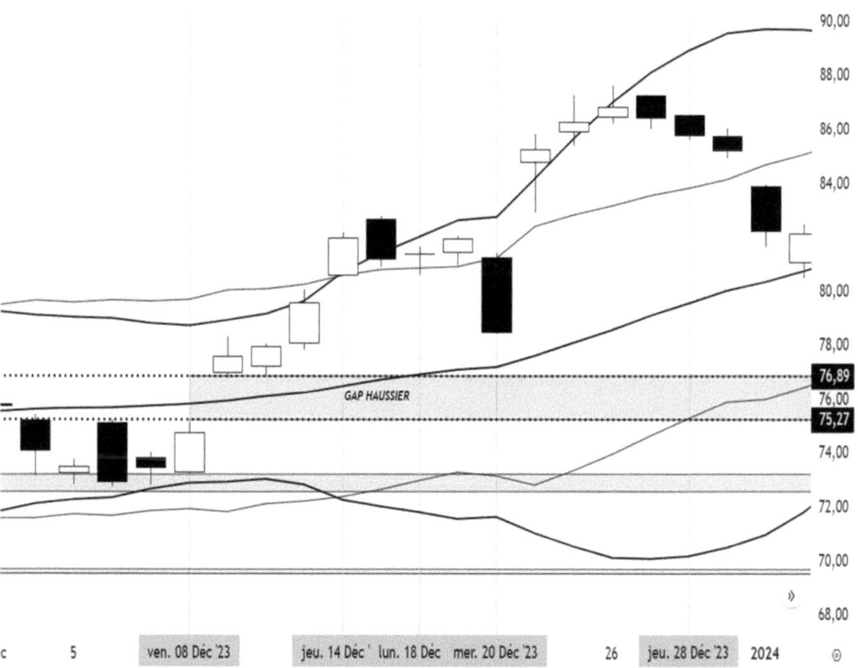

En bougies quotidiennes, la bougie blanche du 8 décembre et – surtout – le gap ouvert le lendemain donnent une dynamique haussière. La MM20 est franchie. À ce stade, on ne peut tirer aucune conclusion dans cette unité de temps. En effet, les cours évoluent dans le squeeze, et les gaps qui surviennent en range sont généralement des gaps communs (voir *Les chandeliers japonais* du même auteur). Il va falloir attendre le 14 décembre pour voir la bougie blanche clôturer au-dessus de la bande de Bollinger haute avec une bande de Keltner sous la Bollinger. On est déjà autour de 82. De plus, une consolidation va se produire qui va mettre en danger le mouvement haussier avec le « marubozu » baissier du 20 décembre. Le gap haussier ouvert permettra à la tendance de se poursuivre mais avec des bougies en forme de doji, ce qui marque un côté ambigu à la progression. Le retournement de la bande basse de Bollinger le 28 décembre et les deux bougies noires des 27 et 28 décembre semblent signifier la fin de l'impulsion. L'ensemble du mouvement apparaît « inconfortable » pour l'analyste comme pour l'investisseur.

Si on considère la même séquence en bougies 2 heures, la situation prend une tournure beaucoup plus claire.

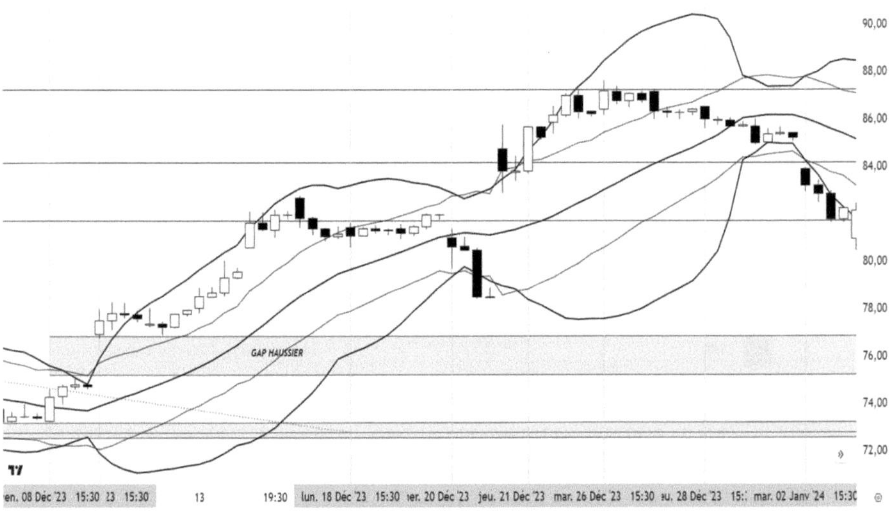

La bougie du 8 décembre à 15 h 30 et celles des heures suivantes achèvent une phase 4 d'un mouvement baissier de court terme précédent. Le gap ouvert le 11 décembre envoie les prix en phase 2 des Bollinger avec une bande de Keltner déjà sous la Bollinger. Dans cette unité de temps de 2 heures, le signal impulsif est donné. On pourra ainsi le gérer avec une perspective temporelle beaucoup plus courte que si l'on était en données quotidiennes.

Le mouvement se développe avec une première alerte de faiblesse donnée le 18 décembre par le passage de la bougie de 15 h 30 sous la bande de Keltner. Cependant, les cours demeurent au-dessus de la MM20 jusqu'au 20 décembre à 15 h 30.

Quelle que soit l'évolution future des prix, on voit déjà que l'on a pu exploiter cette période du 11 au 18 décembre en profitant d'un mouvement impulsif très classique, ce qui n'était pas possible en lecture quotidienne.

La séance du 20 décembre sera, a priori, fatale au mouvement tendanciel avec la rupture de la bande de Bollinger basse et une position ambigüe de la bande de Keltner.

La première bougie du lendemain ouvre un grand gap haussier qui propulse les cours au-dessus de la bande de Bollinger haute mais il faudra attendre deux périodes de deux heures et la bougie blanche qui est un quasi « marubozu » pour renvoyer la bande de Keltner sous la Bollinger. Cette phase impulsive, dans les deux unités de temps, sera courte et, dès la sortie de phase 2, le 26 décembre à 15 h 30, les prix ne progresseront plus durant la phase 3 : cela constitue un indice fort de fin de mouvement impulsif qui sera confirmé le 28 décembre par le passage en phase 4, puis la rupture de la MM20, le passage en phase de squeeze et enfin l'impulsion baissière du 2 janvier à 15 h 30 qui ouvre un gap baissier, rompt la bande de Bollinger basse avec passage en phase 2 avec une bande de Keltner déjà à l'intérieur de la bande de Bollinger.

Ainsi, le passage dans une unité de temps plus courte a permis de profiter de deux mouvements impulsifs complets mais de court terme, ce que la vision quotidienne ne permettait pas de déceler.

Cela a permis d'anticiper un mouvement de plus long terme dont on ne savait pas en données quotidiennes s'il pourrait se développer. En la circonstance, il n'a pas pu.

En conclusion, on aura intérêt à passer sur des unités de temps inférieures chaque fois que :

- On aura un gap, a priori commun, en phase de squeeze.
- Quand l'écartement des bandes dans le squeeze sera trop important, avec la conséquence d'un signal très retardé.
- On veillera néanmoins à ne pas trop descendre dans les unités de temps afin de ne pas être influencé par le « bruit » qui génèrerait de faux signaux.

5. Les « feintes de corps »

Cette configuration n'est pas fréquente mais peut être très dommageable pour l'investisseur qui ne se prémunirait pas contre celle-ci.

Elle se produit quand les cours sortent du squeeze et rentrent en phase 2 des Bollinger en clôturant sous la bande basse (cas baissier), puis repartent presque immédiatement en sens inverse, comme sur le graphique suivant :

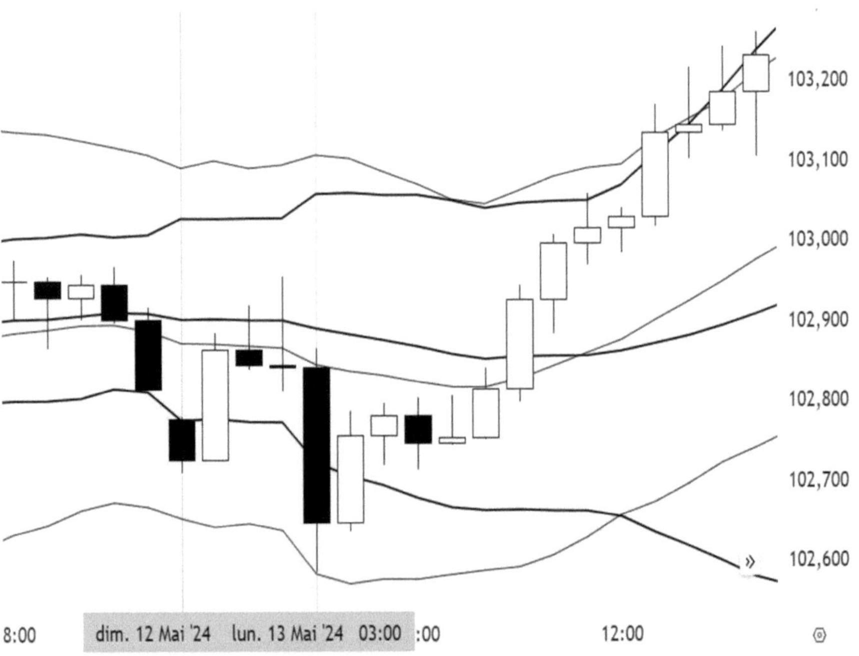

Les prix sont en phase de squeeze quand une première impulsion baissière propulse les prix sous la bande basse de Bollinger le 12 mai. La bougie suivante confirme le retournement avec une « étoile du matin ». À nouveau, le 13 mai à 3 heures, une bougie noire très dynamique ouvre la bande basse de Bollinger mais bute, en mèche, sur la bande de Keltner. La bougie suivante est un « harami » haussier annonciateur d'un rebond important dans la mesure où elle clôture au-dessus du milieu du corps de la bougie précédente. Le mouvement haussier est amorcé.

Le schéma est encore plus marqué sur le graphique suivant. Après l'ouverture d'un gap baissier et une bougie qui ouvre la bande de Bollinger basse et clôture sous celle-ci (passage en phase 2), un gap haussier, quelques bougies plus tard, relance le mouvement en sens inverse en réalisant une figure classique de chandeliers japonais qui est une « île de renversement ». Dans ce cas également, la bande de Keltner était sous la Bollinger lors de l'impulsion baissière : elle a joué son rôle de support fort.

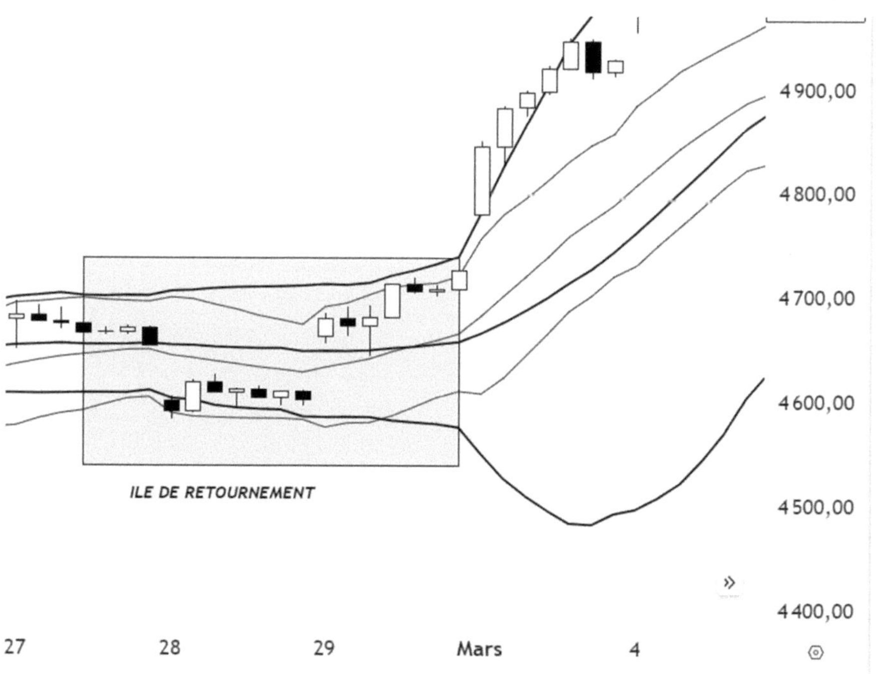

Ces deux exemples montrent l'importance du respect des positions relatives entre les bandes de Bollinger et Keltner afin de ne pas être victime de faux signaux comme les feintes de corps.

CHAPITRE 4

BANDES DE BOLLINGER ET AUTRES OUTILS DE L'ANALYSE TECHNIQUE

La convergence entre le système des bandes de Bollinger (et de Keltner) et d'autres outils de l'analyse technique va permettre d'anticiper les obstacles qui vont venir sur la route des prix.

Nous allons analyser cette convergence avec :

- Les moyennes mobiles
- Les structures de chandeliers japonais
- Les supports et résistances
- Les autres figures chartistes classiques

1. Bandes de Bollinger et moyennes mobiles opérantes

Tout d'abord, il convient de définir la notion de « moyenne mobile opérante ». C'est une moyenne mobile qui a, dans le passé, fait support ou résistance au mouvement à plusieurs reprises. Elle confirme qu'elle participe au rythme du marché. Un nouveau contact des prix avec elle est un test particulièrement important du rapport de force entre les camps acheteur et vendeur.

La configuration suivante présente la moyenne mobile 200 périodes (MM200) comme « moyenne mobile opérante ». En effet, de multiples contacts s'opèrent entre elle et les prix, la MM200 jouant le rôle successivement de support ou de résistance aux prix. Cela signifie que, dans la pensée des « grosses mains » qui influent sur le marché, elle tient un rôle prépondérant.

Reprenons le schéma ci-dessus en y ajoutant les bandes de Bollinger.

Le premier contact entre les bandes et la MM200 se produit le 28 mars. Le momentum du mouvement haussier commencait à faiblir comme le montre l'impossibilité des prix à tenir la bande de Bollinger haute. Le gap baissier qui intervient quelques séances plus tard confirme le caractère « opérant » de la MM200.

Le contact suivant avec la MM200, le 16 août, marque clairement la résistance de la MM200 aux prix qui sera confirmée, là aussi, quelques séances après par un nouveau gap baissier.

Enfin, le dernier contact entre les prix et la MM200 se produit le 2 février. Là encore, les vendeurs défendent la MM200 au point de réaliser quasiment une figure technique de « bébé abandonné ».

Les trois contacts prix/MM200 se produisent en sommet d'impulsion et marquent la fin de ce mouvement. La force de la moyenne mobile « opérante » l'a emporté sur le momentum haussier.

La configuration ci-après montre la même influence sur les prix pour la moyenne mobile exponentielle 55 périodes (MMe55).

Celle-ci a fait support aux prix et les contacts prix/MMe55 les 27 février, autour du 3 mai et du 16 août provoquent un rebond des prix. Dans les deux premiers cas, ce contact s'est produit en phase de squeeze, et celui qui se produit autour du 16 août indique la limite de l'impulsion baissière déclenchée quelques séances auparavant.

On prendra donc soin de figurer sur ces graphiques les moyennes mobiles arithmétiques ou exponentielles « opérantes ». Elles ont vocation à montrer les limites d'une impulsion et elles jouent le rôle de support/résistance.

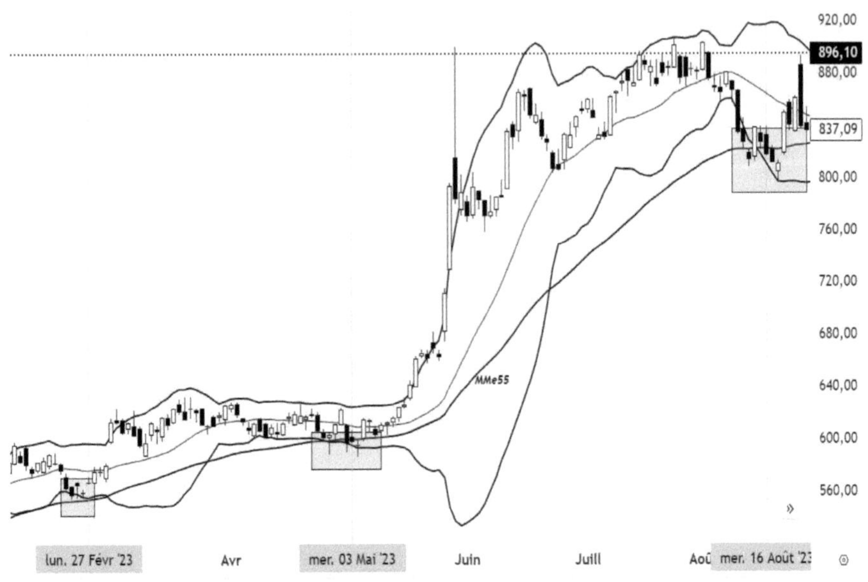

2. Bandes de Bollinger et structures de chandeliers japonais

L'apparition de structures de retournement marque la fin (temporaire ?) d'un mouvement impulsif car elle correspond à une situation de changement de main entre acheteurs et vendeurs. Elle va donc avoir des conséquences sur la structure des bandes.

Les gaps constituent des structures de continuation et on les analysera en fonction de leur type et de leur positionnement dans les différentes phases des Bollinger.

2 – 1 Île de renversement

La configuration suivante présente une structure forte de retournement qui est une « île de renversement ». Un gap haussier est ouvert le 26 décembre. Il s'accompagne d'une bougie blanche à corps important et peu de mèches qui clôture au-dessus de la bande de Bollinger haute. Le lendemain apparaît une première bougie d'alerte qui est un

92

« doji », puis une bougie noire qui clôture sous la bande haute. L'ouverture du gap baissier le 2 janvier, accompagné d'une bougie à long corps et petites mèches, confirme la structure d'île de renversement. Elle s'accompagne du passage en phase 3 des Bollinger et marque la fin du mouvement impulsif avec le passage en phase 4 deux séances plus tard.

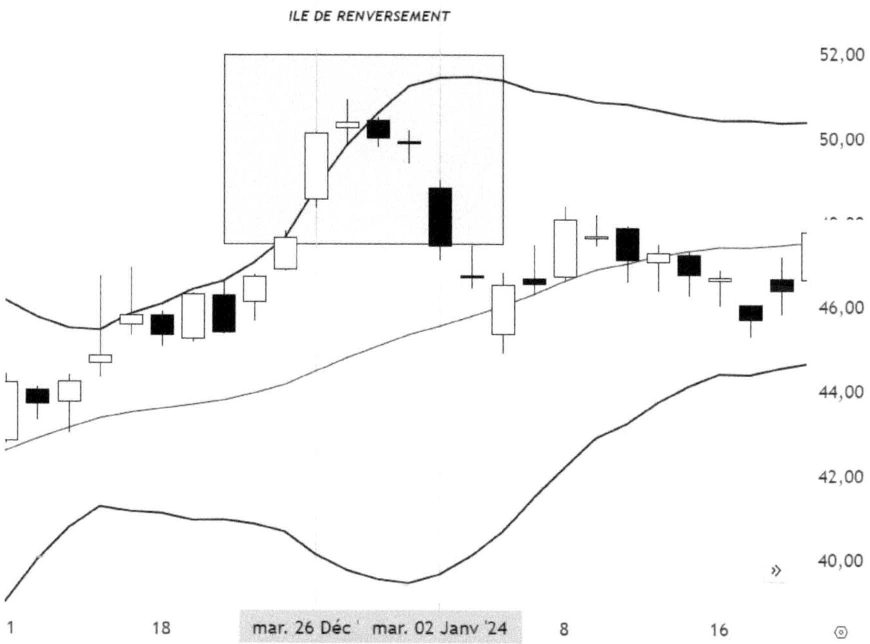

2 – 2 Étoile du soir

La configuration suivante présente une structure classique de retournement en chandeliers japonais. La bougie du 28 mars est une bougie d'alerte : elle présente un petit corps noir et une forme de « pendu ». Le lendemain, 29 mars, voit se confirmer la structure d'« étoile du soir », et la bougie noire à long corps est une « englobante » baissière dans la mesure où son corps vient englober celui de la bougie de la veille. Le retournement est acté, et quatre séances plus tard, la phase 3 se termine.

On voit qu'il est important de scruter les bougies d'alerte et de surveiller la bougie du lendemain qui viendra confirmer ou non le retournement.

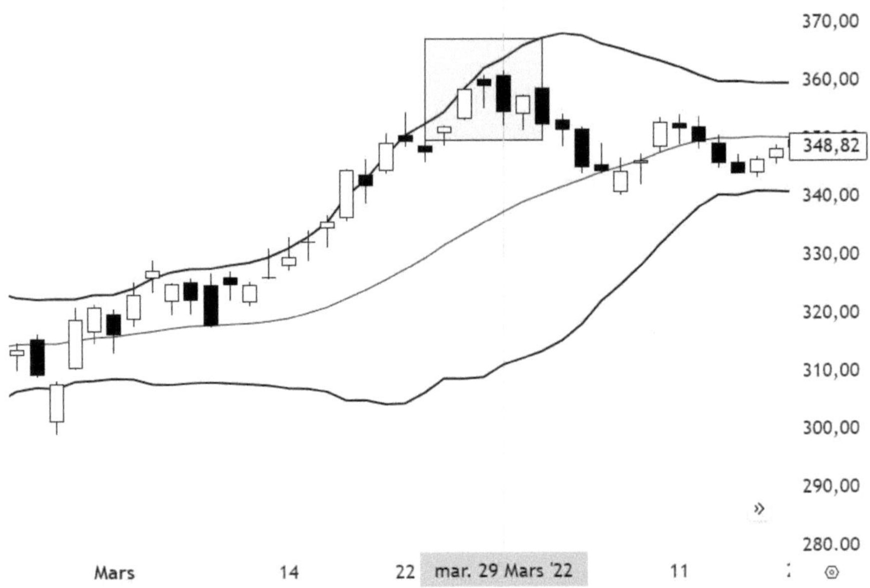

En général, une bougie d'alerte en phase 2, c'est-à-dire au cœur de la phase impulsive, ne s'accompagne pas d'un retournement. C'est une simple respiration du marché. Il n'en est pas de même d'une bougie d'alerte en phase 3, alors que l'on se rapproche de la fin du mouvement impulsif : il faut être très vigilant à ce qui se passe le lendemain.

Il faudra cependant faire attention lorsqu'apparaît une deuxième bougie noire (cas d'une impulsion haussière). Elle est souvent synonyme de fin de phase 2 comme dans la configuration suivante.

Le mouvement haussier est bien lancé le 20 octobre à la faveur de l'ouverture d'un gap haussier (gap d'expulsion) et d'une bougie blanche à long corps et petites mèches qui propulse les cours au-dessus de la bande haute de Bollinger. On notera l'importance des volumes cette séance-là.

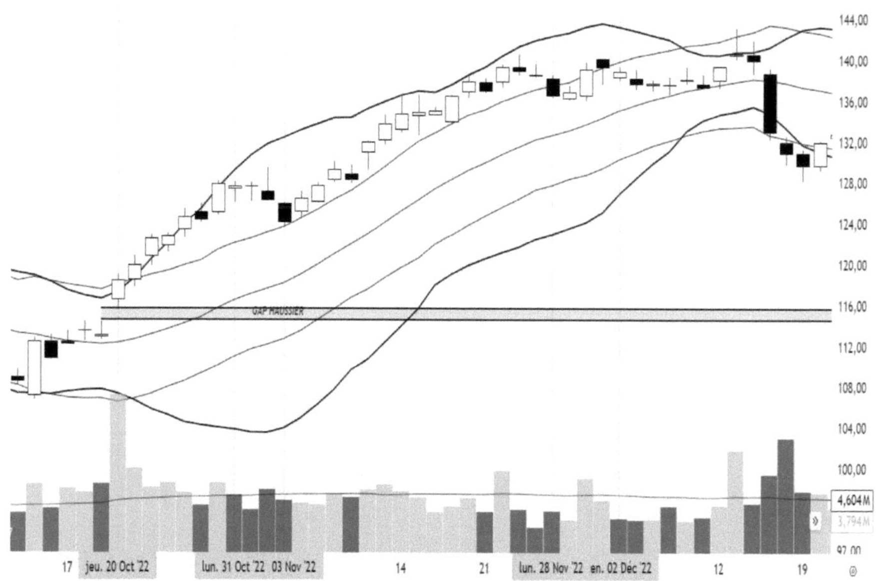

Le 31 octobre apparaît une première bougie d'alerte sous la forme d'un « doji », suivi d'un second et d'une première bougie noire.

La seconde, le 3 novembre, marque la fin de la phase 2. Cependant, on notera qu'elle se produit sur des volumes modérés et qu'elle n'a pas cassé la bande haute de Keltner : la tendance n'est pas menacée mais on constate que maintenant, le momentum s'est réduit et aucune clôture ne se fera au-dessus de la bande haute de Bollinger. La première rupture de la bande de Keltner le 28 novembre montre un affaiblissement de la tendance, confirmée le 2 décembre par sa rupture définitive qui s'accompagne de la fin de la phase 3, puis d'une courte phase de squeeze avant que les vendeurs ne reprennent la main de façon dynamique et relancent une nouvelle phase 2, baissière celle-là.

2 – 3 Englobante

Une « englobante » est une bougie, en haut ou en bas de tendance, dont le corps englobe celui de la bougie précédente, ou de plusieurs bougies précédentes, dans le sens opposé à la marche des prix. Ainsi, en haut de tendance, une « englobante » sera une bougie noire, et en bas de tendance, une bougie blanche.

La configuration suivante présente deux situations d'« englobante » baissière, en haut de mouvements haussiers.

Dans le premier cas, la bougie noire à long corps du 20 juin vient englober les corps des deux bougies précédentes. Cela aboutira, le lendemain, à la fin de la phase 2, à la rupture de la bande de Keltner et, trois séances plus tard, à la fin de la phase 3 et au test de la MM20. La taille du corps de l'« englobante » du 20 juin annonçait vraiment la fin du mouvement impulsif.

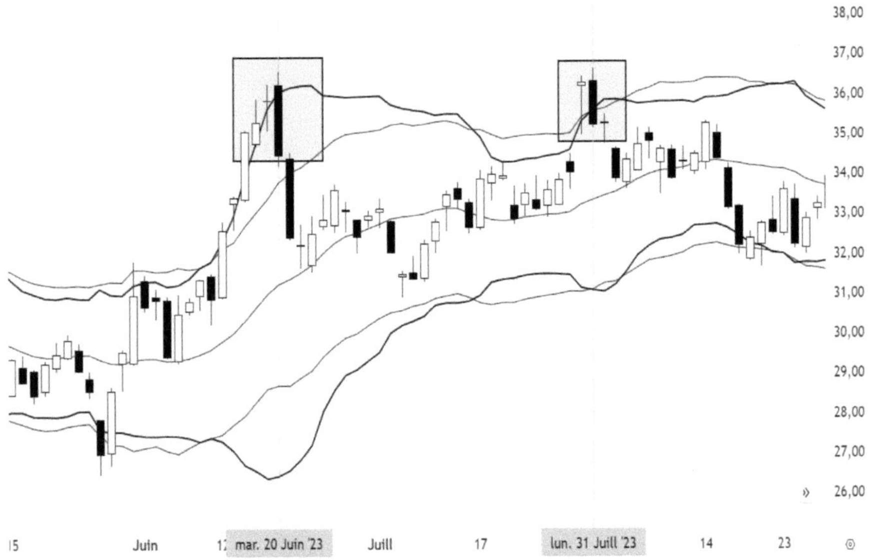

Le second cas est également très caractéristique. La bougie noire à long corps du 31 juillet englobe le corps de celle de la séance précédente. On est dans une situation déjà décrite : la bande de Keltner est extérieure à la Bollinger (même si elles sont très proches), ce qui invalide un franchissement. Par ailleurs, le retournement est confirmé avec la bougie de la veille et celle du lendemain qui constituent une « île de renversement ».

Ces exemples montrent l'importance de confirmer les retournements par des structures de bougies japonaises qui montrent le changement de main entre acheteurs et vendeurs pour la maîtrise du marché de l'actif.

2 – 4 *Figure de continuation : les gaps*

Une étude complète a été réalisée dans le livre *Les chandeliers japonais* du même auteur dans la même collection.

Nous allons nous placer en fonction des phases de Bollinger.

2 – 4 – 1 Gaps en phase 2

La dernière configuration du paragraphe 2 – 2, ci-avant, est caractéristique d'un gap d'expulsion qui lance la phase 2 et qui – en plus – propulse les cours en clôture au-dessus de la Bollinger haute.

C'est une situation très favorable qui témoigne d'une grande force acheteuse. On a vu – de plus – que ce gap s'accompagne de forts volumes.

La configuration suivante montre une situation de plusieurs gaps pendant la phase 2. Le premier apparaît après le passage en phase 2. Cette dernière s'achèvera le 26 mai.

Dans l'ouvrage évoqué ci-dessus, les trois types de gaps (hors gaps communs) qui apparaissent au cours d'un mouvement impulsif sont dénommés : « gap d'expulsion » pour le premier, « gap de continuation » pour le second, et « gap d'essoufflement » pour le dernier qui a pour vocation de marquer la fin proche de l'impulsion et d'être comblé.

Cette éventualité n'apparaît pas tant que l'on est en phase 2 des Bollinger. La volatilité continue d'augmenter et le momentum est fort. Chaque gap témoigne d'une grande force du mouvement impulsif.

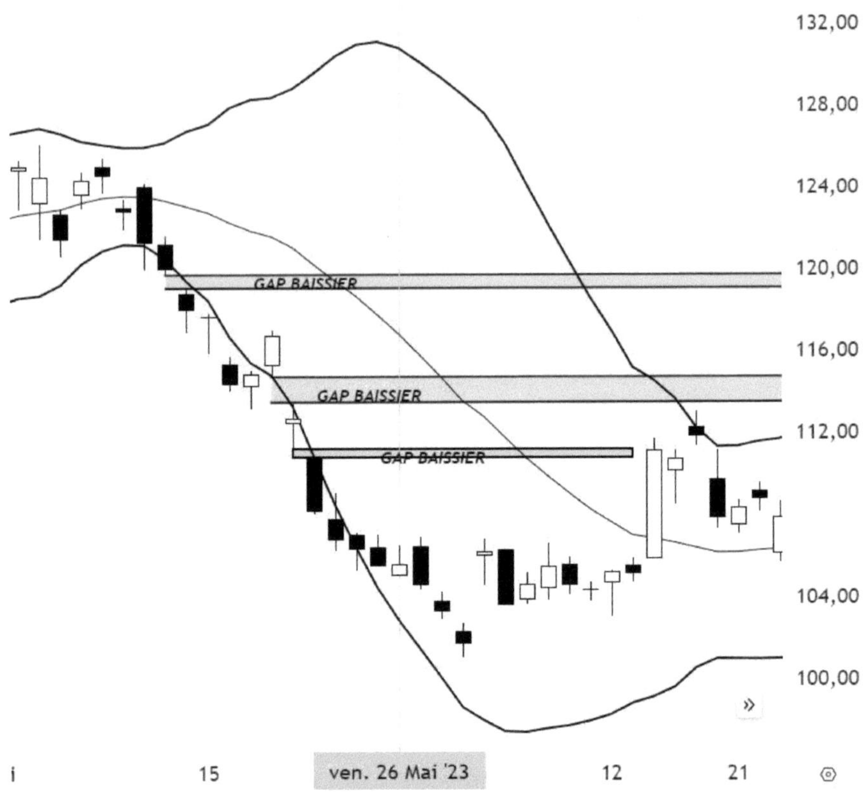

2 – 4 – 2 Gaps en phase 3

La situation des gaps en phase 3 est plus difficile, surtout si des gaps ont déjà été ouverts en phase 2. **Le risque est fort que le gap de phase 3 soit un gap d'essoufflement, surtout si les prix ne sont plus en contact avec la bande haute (mouvement haussier), ce qui dénote déjà une chute du momentum.**

La configuration suivante illustre ce type de situation. Un premier gap (gap d'expulsion) est ouvert le 26 mai qui va amener les cours au contact de la bande haute de Bollinger. Les cours mettront trois séances pour clôturer au-dessus de la bande haute, confirmant la vigueur du mouvement. Un second gap est ouvert le 2 juin (gap de continuation). Le 8 juin, le mouvement rentre en phase 3 des Bollinger, et à partir de cette séance, les cours n'auront plus de contact avec la bande haute. Le mouvement perd en momentum. Le troisième gap intervient le 13 juin, mais la bougie de ce jour ne montre aucun dynamisme du fait de son petit corps et d'une mèche haute de taille supérieure à celle du corps : c'est un gap d'essoufflement qui sera comblé deux séances plus tard.

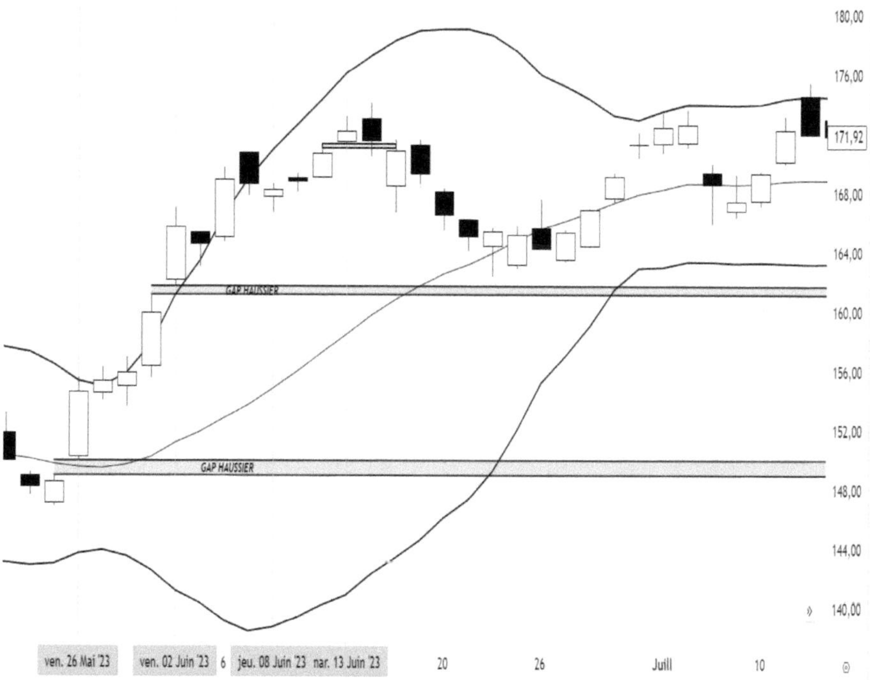

La probabilité de qualification en gap d'essoufflement est d'autant plus importante que les prix sont déjà en phase 3 depuis un certain temps et qu'ils sont éloignés de la bande correspondant au sens du mouvement

Par ailleurs, les gaps de phase 3 sont beaucoup plus rares en tendance baissière. Celle-ci évolue généralement plus vite que les tendances haussières, et la majeure partie du décalage de prix s'effectue en phase 2. Il y a moins de place pour une nouvelle ouverture de gap.

3. Bandes de Bollinger et supports/résistances

Il est classique que la fin d'une impulsion corresponde au test d'une résistance (mouvement haussier) ou d'un support (mouvement baissier). C'est aussi pour cela que certaines séquences sont interrompues brusquement par l'approche ou le contact d'un support ou d'une résistance.

La configuration suivante en est un bon exemple.

Plusieurs gaps haussiers permettent aux cours de passer en phase 2 des Bollinger et de clôturer au-dessus de la bande haute. Une résistance à 109,21 avait déjà, les 4 et 15 août, arrêté la progression des cours avant que les vendeurs ne reprennent la main. Le retest, le 15 novembre, va produire le même effet de rejet, les vendeurs montrant leur détermination à défendre 109,21. Ce rejet sera confirmé le lendemain avec l'ouverture d'un gap baissier accompagné d'un volume important qui montre la sortie de position d'investisseurs qui avaient profité du mouvement haussier. La résistance va tenir. La tentative de sortie haussière accompagnée d'un gap haussier le 13 décembre se soldera par un échec : la bougie de ce jour vient buter sur la bande de Keltner qui est extérieure à la Bollinger. Elle présente un corps noir important confirmant la mainmise des vendeurs.

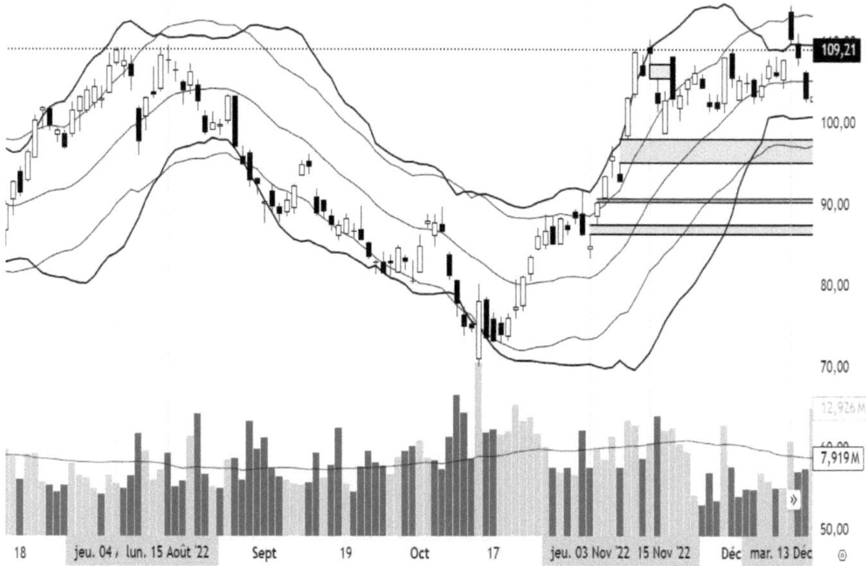

On retrouve le même schéma pour un mouvement baissier qui se conclut par un support que les acheteurs vont défendre, comme dans la configuration suivante.

Le mouvement haussier démarré début juin prend fin le 20 septembre à la faveur de la sortie de phase 3 et d'une figure de chandeliers japonais qui est une « étoile du soir ». Le mouvement baissier qui s'amorce trouvera son épilogue le 27 octobre sur le niveau de 331,87. C'est un niveau technique particulièrement important car c'est une « polarité ». En effet, il a fait résistance le 1er mai, puis le 17 mai. Après son franchissement il est retesté en qualité de support les 13 et 26 juin.

Le marché était vendeur les 1er et 19 mai sur ce niveau de 331,87, il devient acheteur les 13 et 26 juin : notion de polarité. Il correspond à une forte mémoire de marché et il pouvait être prévisible que son test serait déterminant pour la suite du mouvement baissier. Une bougie blanche au cours de la séance suivant le 27 octobre va relancer une impulsion haussière.

On remarque à nouveau que chaque changement de tendance est matérialisé par une structure de retournement en chandeliers japonais.

4. Bandes de Bollinger et autres figures chartistes

Les configurations suivantes vont montrer la complémentarité entre les dispositifs de Bollinger et Keltner et des figures de l'analyse technique dont les figures chartistes.

4 – 1 Biseau d'essoufflement

Dans la configuration ci-après, la bougie blanche à long corps du 28 avril est la dernière à clôturer au-dessus de la bande haute de Bollinger. Le lendemain, apparaît une structure de retournement baissier qui est un « sommet en pince » et un harami baissier. La fin de la dynamique haussière sera confirmée au cours des séances suivantes car le niveau de clôture à 130,85 ne sera plus dépassé. La bougie noire du 12 mai confirme la fin du mouvement haussier avec la rupture de la MM20. Les cours vont évoluer jusqu'au 27 mai à l'intérieur d'une figure chartiste qui est un « biseau d'essoufflement ». Cette structure montre que le mouvement baissier perd de la dynamique. La sortie théorique de cette structure est haussière, ce qui se produit la séance suivant le 27 mai, puis le franchissement de la MM20, deux séances plus tard.

La difficulté à poursuivre une évolution baissière significative après le 12 mai est confirmée par les éléments suivants :

– La bande de Keltner demeure sous la Bollinger durant toute la période où les cours vont être dans le biseau
– Le support à 126,99 tiendra durant toute cette période

La convergence de ces trois éléments – figure chartiste, position de la bande de Keltner et tenue du support – laisse supposer la fin du mouvement baissier.

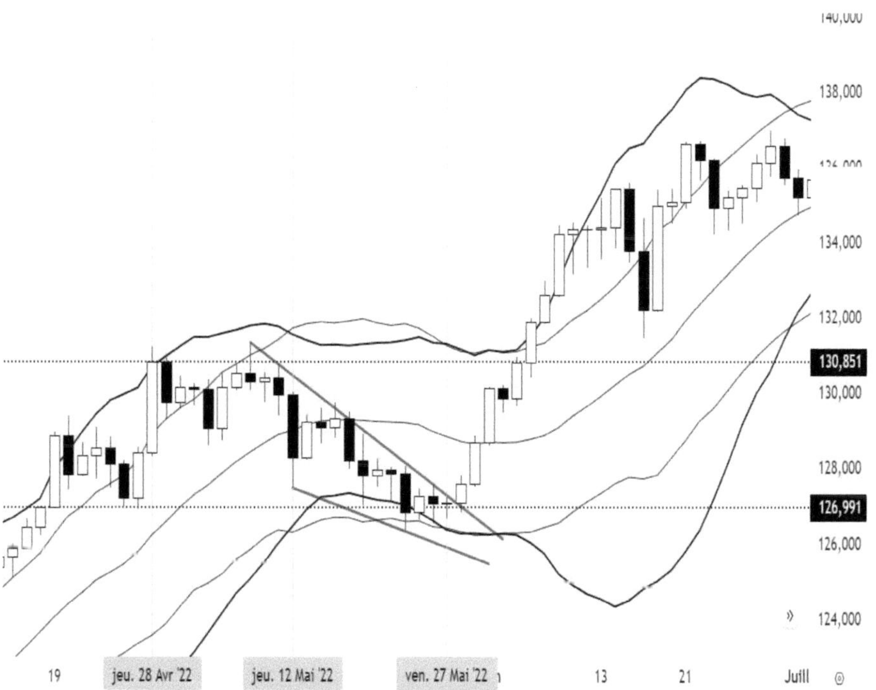

Le schéma est similaire à celui du biseau.

Dans la configuration suivante, un mouvement haussier se dèveloppe depuis le 12 mai. Après un premier cycle de quatre phases, une relance de la tendance s'opère à partir du 20 juillet avec une bougie blanche impulsive qui clôture au-dessus de la bande haute de Bollinger. La phase 2 se termine le 2 août avec le retournement de la bande basse et l'incapacité des cours à tenir la bande haute. Une consolidation du mouvement est probable.

Elle intervient effectivement quelques séances plus tard. Elle entraîne la sortie de phase 3 le 11 août et les cours évoluent à l'intérieur d'une figure chartiste qui est un « drapeau ». Celle-ci est une figure théorique de continuation, ici du mouvement haussier. Il faudra une sortie haussière du drapeau pour confirmer la continuation haussière. C'est ce qui se produit le 23 août au sein d'un court passage en squeeze. La clôture au-dessus de la bande haute en phase 2 interviendra deux séances plus tard.

L'utilisation de la figure de « drapeau » est extrêmement utile. En effet, après le passage en phase 4, les cours ont cassé la MM20, ouvrant une séquence incertaine quant à l'évolution de la tendance. **La présence du « drapeau » a remis les cours dans un schéma ordonné et connu. La bougie du 23 août a levé toutes les interrogations quant à la suite du mouvement.**

On notera qu'une première sortie du drapeau avait eu lieu deux séances avant le 23 août. Le 22 août, une bougie noire correspondait à un test du drapeau, schéma classique. Ce test s'est avéré positif et la bougie du 23 août a donné un signal haussier validé.

Les deux figures chartistes que nous venons d'analyser présentent l'intérêt de donner un signal avancé par rapport à celui des bandes de Bollinger quant au sens de sortie de la figure et au sens du mouvement futur.

D'autres figures comme, par exemple, les triangles symétriques (qui sont aussi des figures de continuation) pourront donner, en cas de sortie dans le sens théorique, les mêmes renseignements que celles qui viennent d'être analysées.

4 – 3 Figures chartistes et rupture de la MM20

Il avait été indiqué au paragraphe 6 – 4 du chapitre 2 que la non-rupture de la MM20 en phase 4 était un signal de poursuite de la tendance. Dans les deux configurations de figures chartistes que nous venons de présenter, on a la rupture de la MM20 qui sera suivie de la reprise du mouvement haussier.

Cela vient du fait que la configuration technique implique une sortie statistiquement haussière. Dans le premier cas, le biseau marque l'essoufflement du momentum baissier qui finira par se concrétiser.

On peut donc avoir rupture de la MM20 à condition que la structure des bougies corresponde à une sortie théoriquement haussière. Si un gap baissier était intervenu pendant le déroulement de la figure, il est probable que celle-ci aurait été invalidée et que la finalité aurait été baissière.

CONCLUSION

Ces développements concernant les deux outils de Bollinger et de Keltner avaient pour but de montrer au lecteur deux approches conjuguées classiques et efficaces de la volatilité, à travers les systèmes de bandes.

Tout d'abord, un des objectifs du livre était de faire comprendre au lecteur l'importance de **la notion de volatilité, comment la calculer et comment la contrôler.**

Nous avons également montré qu'elle est fondamentale dans la compréhension des mécanismes de la Bourse. **Sans volatilité, il n'y a pas d'analyse intéressante et − surtout − pas d'opportunité pour l'investisseur.**

La volatilité est son alliée à condition qu'il sache la maîtriser pour en profiter. Le dispositif des bandes de Bollinger est un outil très fiable pour la contrôler.

L'approche en quatre phases donne à l'investisseur la situation de la volatilité sur le marché à tout moment.

Sa complémentarité avec le système de Keltner permet de sélectionner les périodes permettant à l'investisseur de rentrer en position et de filtrer ainsi les faux signaux.

TABLE DES MATIÈRES

Découvrez
Les Essentiels de l'AFATE